AF609622

Liderazgo gerencial

Director de la colección:
SANTIAGO C. LAZZATI

Diseño de tapa:
GUSTAVO WALD

Liderazgo gerencial

Director de la colección:
SANTIAGO C. LAZZATI

Diseño de tapa:
GUSTAVO WALD

SANTIAGO LAZZATI
MATÍAS TAILHADE

Liderazgo gerencial

GRANICA
ARGENTINA - ESPAÑA - MÉXICO - CHILE - URUGUAY

ARGENTINA
Ediciones Granica S.A.
Lavalle 1634 3° G / C1048AAN Buenos Aires, Argentina
granica.ar@granicaeditor.com
atencionaempresas@granicaeditor.com
Tel.: +54 (11) 4374-1456. 1158549690

MÉXICO
Ediciones Granica México S.A. de C.V.
Calle Industria N° 82 - Colonia Nextengo - Delegación Azcapotzalco
Ciudad de México - C.P. 02070 México
granica.mx@granicaeditor.com
Tel.: +52 (55) 5360-1010. 5537315932

CHILE
granica.cl@granicaeditor.com
Tel.: +56 2 8107455

ESPAÑA
granica.es@granicaeditor.com
Tel.: +34 (93) 635 4120

www.granicaeditor.com

ISBN 978-987-8358-03-1

Hecho el depósito que marca la ley 11.723

Impreso en Argentina. *Printed in Argentina*

Lazzati, Santiago C.
Liderazgo gerencial / Santiago C. Lazzati ; Matías Tailhade. - 1a ed. - Ciudad Autónoma de Buenos Aires : Granica, 2019.
204 p. ; 23 x 17 cm.

ISBN 978-987-8358-03-1

1. Liderazgo. I. Tailhade, Matías II. Título
CDD 658.4092

Índice general

Agradecimientos

De Santiago Lazzati

A Mario Vázquez, mi "amigo del alma" durante casi setenta años, desde que iniciamos juntos el secundario. También "mi jefe" durante veinte años. Un verdadero modelo de liderazgo participativo. Gracias a él una persona con mis características personales pudo desempeñarse plenamente en la organización donde trabajamos juntos durante tantos años.

De Matías Tailhade

A mi mujer Inés Galli, a mi hijo Pedro, a mis hermanos y a aquellos con los cuales comparto mis aventuras profesionales; de quienes aprendo todo.

Prólogo

Es un gran honor para mí escribir un breve comentario sobre uno de los tantos libros de Santiago Lazzati que han contribuido a la información y formación de todo aquel que ocupe algún rol protagónico en una organización.

Conozco a Santiago desde hace más de veinte años y he aprendido siempre algo en cada momento compartido.

Su manera profunda de participar en una conversación tiene el valor de lo arraigado de sus conceptos.

Aquel que ha tenido el privilegio de compartir momentos, charlas, conferencias, seminarios o libros ve siempre un absoluto correlato en todas sus participaciones.

Este libro profundiza los conceptos sobre liderazgo, quizás en los momentos en que más necesitados estamos de líderes.

Liderar es guiar, pero para hacerlo queda claro en este libro que líder no se nace, se hace. Y se hace con conceptos claros, hoy universalmente aceptados y magníficamente desarrollados en este libro.

Los conceptos sobre liderazgo y gerenciamiento son temas separados donde en uno está lo estratégico, lo blando, lo macro, y en el otro la gestión y sus múltiples complejidades, los que son desafiados por Santiago Lazzati en un punto de encuentro que llama liderazgo gerencial.

Quizás como médico entiendo el liderazgo como una mezcla de arte y ciencia que mi profesión me ha inculcado, y veo reflejados en los distintos capítulos de este libro ambos componentes.

Muchas gracias, Santiago, por esta nueva entrega que te mantiene eternamente vigente.

Jorge Belardi
Presidente del ICBA
Instituto Cardiovascular de Buenos Aires

Prólogo

Ejercer el liderazgo ha sido siempre una tarea de mujeres y hombres valientes.

En un mundo siempre cambiante y complejo, es difícil elegir el camino correcto, y más difícil aún transformarse en aquel que diseña el camino de otros.

Escribir acerca del liderazgo es igualmente atrevido y desafiante.

En la época de la democratización de la información, de la disponibilidad infinita de contenidos, el rol del curador es cada vez más relevante. Precisamos quien nos ayude a seleccionar cuidadosamente entre lo principal y lo secundario, que busque lo no evidente, que genere conexiones, que compile con sentido, que nos ayude a optimizar el uso del tiempo, nuestro recurso más escaso.

Matías se apropió del término, y es el curador de años de conocimiento adquirido sobre liderazgo, ordenado y organizado con su impronta personal.

Curar contenidos significa aceptar la mirada de otros, ser empático, saber escuchar lo que otros dicen, valorar la contribución de cada uno, en un modelo verdaderamente colaborativo; aceptar la diversidad, ser humilde, compartir, saber comunicar, y generar buenas preguntas, antes que buenas respuestas. Curar contenidos implica adoptar una constante vocación de aprendiz.

No es casual que estas características definan a Matías, y que definan su forma de ejercer roles de liderazgo en las organizaciones que tuvieron la fortuna de contarlo en sus equipos. Estas características, además, nos dan una idea del tema central de este libro: la empatía, la escucha, la colaboración, la diversidad, la humildad, la aceptación, el saber que no sabemos, la vocación de aprendiz, la constante búsqueda de preguntas, son todos conceptos que se asocian a una nueva forma de relacionamiento en las organizaciones que, a falta de mejor palabra, continuamos llamando liderazgo.

Dejemos que Matías, nuestro curador, nos lleve por un camino de nuevas preguntas que expandan nuestro conocimiento y nuestro deseo de seguir aprendiendo.

Ariel Urcola
Director de Educación Ejecutiva, Universidad de San Andrés
Socio de Prolaurum, firma de Executive Search & Management Assesment

Introducción a la colección "Módulos de management"

Este libro es el séptimo de una colección de libros sobre management que se caracteriza por una estructura común que organiza los contenidos temáticos en módulos.

Un módulo es una unidad más bien pequeña, en general con una extensión de una a tres páginas, correspondiente a un aporte valioso que puede ser un concepto fundamental, un modelo, una metodología, una herramienta de análisis, una guía de acción, etc.; o bien una combinación de estos elementos. Cada uno de los módulos presenta un gráfico representativo del tema.

Obviamente, el tratamiento adecuado de cierto tema requiere una extensión superior al alcance que le damos a un módulo. Sin embargo, esto no es un impedimento porque, con un enfoque que va de lo general a lo particular, se arma un primer módulo de carácter abarcativo, y en módulos subalternos se avanza sobre los contenidos pertinentes. Por ejemplo, en el módulo ROLES DEL GERENTE Y LIDERAZGO se hace referencia a GERENCIAR GERENTES, que se trata en el módulo respectivo.

Además de las relaciones que van de lo general a lo particular, y viceversa, como la ejemplificada en el párrafo precedente, existen muchas otras relaciones de distinto tipo. Por ejemplo, entre el líder inspirador y el optimismo.

La estructura en módulos, unida a las múltiples conexiones entre ellos, permite navegar en los contenidos conforme a la preferencia del lector. Por ejemplo, donde existe un esquema subyacente de género a especie, uno puede entrar por lo más general para ir profundizando a medida que lo necesita, o dirigirse directamente al aspecto específico que interesa en el momento; por otra parte, se puede recorrer las páginas echando una ojeada, para concentrarse en aquellos módulos que disparan la atención; o bien puede usarse el texto como si fuese un diccionario, buscando directamente el concepto; etcétera.

Hemos optado por no indicar la bibliografía correspondiente a cada módulo, porque esto hubiese sido una labor excesiva y de dudoso valor agregado, por la tremenda dispersión de referencias. Sin embargo, en ciertos módulos nos ha parecido oportuno citar aquella obra que constituye la fuente fundamental del tema tratado. Por otro lado, hacia el final de la obra incluimos una bibliografía general que indica los principales libros tomados en cuenta para desarrollar los módulos.

Pensamos que esta colección habrá de ser útil tanto en el ambiente académico (docentes, investigadores y alumnos) como en el empresario. Estamos convencidos de que su estructura es propicia para adquirir, reforzar, confirmar u ordenar conocimientos, de manera eficaz y eficiente.

Además, puede servir de base para que cualquier empresa encare un proyecto que creemos ofrece grandes beneficios: desarrollar un conjunto de módulos propios adecuados a los objetivos estratégicos, políticas y procedimientos de la organización, que guíe sus actividades en materia de management y comportamiento humano. En este orden incluimos un apéndice titulado "Sistema de módulos del conocimiento".

Introducción

En esta obra sintetizamos el producto de un largo proceso de aprendizaje acerca del liderazgo gerencial, que desarrollamos a partir de diversas actividades: en el ejercicio de posiciones gerenciales, en la práctica de consultoría, en la observación de diferentes líderes, en la preparación para la enseñanza de la materia, en la lectura y en la investigación. Nos ha parecido adecuado organizar el texto en forma de módulos, al igual que hemos hecho con otros temas comprendidos en esta colección.

Agrupamos los módulos en siete secciones:

- Gerencia y liderazgo – Conceptos fundamentales.
- Atributos del líder.
- Estilos gerenciales / de liderazgo.
- Liderazgo situacional.
- Relación del liderazgo con otros aspectos de la organización.
- Desarrollo del liderazgo.
- Problemas en el ejercicio del liderazgo.

Dentro de cada sección los módulos siguen un orden alfabético, a fin de facilitar su acceso en forma puntual, en línea con la estructura del libro.

En la primera sección, en el módulo 3, definimos por un lado la gerencia y por otro lado el liderazgo; y observamos que solo una parte de la gerencia incluye el ejercicio del liderazgo y que solo una parte del liderazgo corresponde a la función de un gerente; a la zona común la denominamos "liderazgo gerencial". En el resto de la sección tratamos ciertos conceptos fundamentales inherentes al liderazgo gerencial.

En la segunda sección examinamos los atributos del líder. En el módulo 12 analizamos el espectro de las características personales y su relación con el liderazgo. Este módulo sirve de marco para encarar aspectos bastante abarcativos, como las competencias gerenciales (módulo 13), la inteligencia emocional (módulo 19), la personalidad (módulo 21) y los valores personales (módulo 23). En el resto de los módulos nos concentramos en aspectos más específicos: ciertos comportamientos positivos (módulo 14), la confiabilidad (módulo 15), la escucha (módulo 16), la influencia mediante el ejemplo (módulo 17), el carácter inspirador del líder (módulo 18), la combinación de humildad personal y voluntad profesional (el "nivel 5" del módulo 20) y la resiliencia (módulo 22).

En la tercera sección partimos de la distinción entre los conceptos de "estilo" y de "comportamientos" (módulo 25). El estilo es la inclinación general de la persona a comportarse de cierta manera, a repetir patrones de conducta, más allá de los condicionamientos situacionales. El comportamiento es puntual en una situación dada. Una persona puede ejercer cierto comportamiento a raíz de las circunstancias, sin que ello corresponda a su estilo; y puede tener un estilo definido, pero en diversas ocasiones adoptar distintos comportamientos que no responden a él. En la sección incluimos sendos módulos para una serie de modelos de estilos gerenciales y de liderazgo, propuestos por distintos autores, incluido nuestro propio modelo, basado en los roles gerenciales (módulo 33). En el módulo 24 brindamos un análisis comparativo de la mayoría de estas propuestas metodológicas.

En la cuarta sección nos concentramos en el liderazgo situacional. En el módulo 44 establecemos los conceptos básicos. En el módulo 45 identificamos las habilidades del líder para ejercer debidamente el liderazgo situacional. En el módulo 42 hacemos referencia a ciertos autores pioneros. En el módulo 46 nos concentramos en el modelo desarrollado por Ken Blanchard, que ha sido ampliamente difundido. Sobre la base de este modelo, en el módulo 43 analizamos los ciclos de desarrollo y regresivo de la interacción entre el líder y el liderado. En el módulo 48 comparamos el modelo de Blanchard con el *grid* de Blake y Mouton, que presentamos en la tercera sección; y en el módulo 47 formulamos ciertas observaciones acerca del modelo de Blanchard.

En la quinta sección analizamos la relación entre el liderazgo y distintos aspectos de la organización: el cambio organizacional (módulos 49 y 50), el coaching (módulo 51), la comunicación (módulo 52), la cultura organizacional (módulo 53) el empowerment (módulo 54), la gestión del compromiso (módulo 55), la gestión por objetivos (módulo 56), el ejercicio de la influencia (módulo 57), la motivación (módulo 58), las nuevas generaciones (módulo 59), la participación (módulo 60), el poder (módulo 61), la resistencia al cambio (módulo 62), las reuniones (módulo 63) y el trabajo en equipo (módulo 64).

En la sexta sección encaramos distintos factores que juegan en el desarrollo del liderazgo. En última instancia, el gran desafío es el cambio personal (módulo 66). Aquí hacemos referencia al libro *Competencias, cambio y coaching* de Lazzati, Tailhade y Castronovo (Ediciones Granica, 2015), en donde se tratan múltiples enfoques de tal proceso.

En la séptima sección observamos determinados problemas que aparecen en el ejercicio del liderazgo. En el módulo 70 comentamos problemas habituales que se presentan en la gestión del cambio organizacional. En el módulo 71 informamos los resultados de una encuesta que realizamos acerca de comportamientos disfuncionales de los gerentes. En el módulo 72 analizamos problemas de los colaboradores. Y en el módulo 73 tratamos la patología del poder.

Índice de módulos

Relación entre los módulos

Ordenamiento de los módulos

Los módulos están agrupados en siete grandes categorías:

1. Gerencia y liderazgo - Conceptos fundamentales.
2. Atributos del líder.
3. Estilos gerenciales / de liderazgo.
4. Liderazgo situacional.
5. Relación del liderazgo con otros aspectos de la organización.
6. Desarrollo del liderazgo.
7. Problemas en el ejercicio del liderazgo.

Dentro de cada categoría, los módulos están ordenados alfabéticamente. Todos ellos están numerados siguiendo el orden correlativo que resulta del ordenamiento indicado (Ref. Índice de módulos).

Para navegar en los módulos, el lector tiene dos caminos principales:

- Ubicar en el índice el o los módulos que le interesan, incursionar directamente en ellos, y luego dirigirse discrecionalmente a cualquier otro módulo, tomando en cuenta las referencias que se indican en el acápite siguiente.
- Sobre la base del índice, puede elaborar un plan de navegación previo a incursionar en un módulo determinado. En este sentido, cabe tener en cuenta la secuencia de los módulos dentro de cada sección que figura en la introducción al libro, secuencia que es distinta del orden alfabético.

Referencia de un módulo a otro

Entre ciertos módulos existe una relación de lo general a lo particular. En el módulo abarcativo, en el punto pertinente, se hace referencia al módulo específico correspondiente, colocando entre paréntesis el número del módulo específico. A su vez, en este, al inicio de su texto, se hace referencia al módulo abarcativo que lo antecede.

Además de las relaciones de lo general a lo particular, existen muchas otras conexiones. En estos casos también en el punto pertinente de un módulo se hace referencia al otro módulo conectado.

Liderazgo gerencial

MÓDULOS

Código del liderazgo

Desarrollador de capital humano	LARGO PLAZO ESTRATÉGICO	Estratega
INDIVIDUOS	**Eficiencia personal**	ORGANIZACIÓN
Gestor de talento	CORTO PLAZO OPERATIVO	Ejecutor

Dave Ulrich, Norm Smallwood y Kate Sweetman, en su libro *El código del nuevo líder*, de Harvard Business Press (LID, 2009), presentan un modelo matricial denominado "el código del liderazgo", basado en dos ejes: el del tiempo y el de la atención.

El primero distingue el largo plazo estratégico del corto plazo operativo. El segundo distingue la organización y sus capacidades de las personas y sus habilidades. Del cruce de estos dos ejes se desprenden cuatro campos del "nuevo líder":

1. Estratega, correspondiente al largo plazo y la organización.
2. Ejecutor, correspondiente al corto plazo y la organización.
3. Gestión de talento, correspondiente al corto plazo y a los individuos.
4. Desarrollador del capital humano, correspondiente al largo plazo y a los individuos.

En el centro del modelo se ubica un quinto campo: la eficiencia personal.

Para cada uno de dichos campos el modelo establece sendas reglas:

3 - pág. 63

1. Crear una visión de futuro.
2. Hacer que las cosas sucedan.
3. Gestionar el talento.
4. Desarrollar la siguiente generación de talento.
5. Invertir en usted mismo

El libro incluye ciertas observaciones valiosas:

- Todo líder debe destacarse en eficiencia personal y poseer, al menos, una fortaleza sobresaliente. Además, debe tener, como mínimo, una puntuación media

en las características de liderazgo que tiene menos desarrolladas. Cuanto más arriba esté un líder dentro de la organización, más necesario será que sobresalga en más de una de las cuatro áreas del código.

- Un requisito para ser un líder eficaz es ayudar a otros a liderar.
- El liderazgo consta de dos partes: una es el código de liderazgo y la otra son los factores diferenciadores. El código representa entre el 60% y el 70% de los elementos que hacen que un líder sea eficaz. Los elementos diferenciadores pueden variar dependiendo de la estrategia y la visión de la empresa, así como de los requisitos de cada puesto.

El Capítulo 1 del libro citado comprende los conceptos indicados precedentemente. Los cinco capítulos siguientes (del 2 al 6) desarrollan respectivamente cada una de las cinco reglas señaladas más arriba. El último capítulo (el 7) incursiona en cómo garantizar mejores líderes y un mejor liderazgo; este capítulo trata principalmente temas de la gestión de los recursos humanos aplicada al liderazgo: el modelo de competencias, la evaluación, la capacitación y desarrollo, la retribución, etc.

En el módulo ROLES DEL GERENTE Y LIDERAZGO señalamos tres roles gerenciales en la conducción de su área de responsabilidad: administrador, arquitecto y humano. A su vez, con respecto al arquitecto cabe hacer la distinción entre la función de "estratega", correspondiente a la gestión estratégica (pensamiento, planeamiento e implementación), y la función de "diseñador", que comprende el diseño de la estructura y el desarrollo de sistemas. Ahora bien, cabe conciliar este modelo de roles con el código del liderazgo de la siguiente manera:

M 11 - pág

Roles gerenciales	Código del liderazgo
Administrador	Ejecutor
Arquitecto – Diseñador	Ejecutor
Arquitecto – Estratega	Estratega
Rol humano	Gestor del talento y desarrollador del capital humano

En dicho módulo señalamos que el gerente, además de conducir el área de responsabilidad a su cargo, debe contribuir a su desarrollo personal. Este concepto está en línea con el quinto campo del código del líder: la eficiencia personal.

La primera de las observaciones indicada más arriba acerca del código del líder (todo líder debe poseer al menos una fortaleza, etcétera) concuerda con lo que sostenemos en los dos últimos párrafos del módulo ATRIBUTOS DEL LÍDER – COMPETENCIAS GERENCIALES. La segunda de dichas observaciones (un requisito para ser un líder eficaz es ayudar a otros a liderar) concuerda con lo que decimos en el módulo GERENCIAR GERENTES / LIDERAR LÍDERES.

M 13 - pá

M 04 - pá

Hemos ubicado este módulo dentro de los conceptos fundamentales acerca de la gerencia y el liderazgo, porque brinda un panorama de las funciones pertinentes. Asimismo, su marco conceptual sirve de plataforma para identificar estilos gerenciales o de liderazgo, en el sentido de que al gerente o líder le cabe tener mayor o menor inclinación por cada una de las funciones comprendidas en el modelo. Al respecto nos remitimos al módulo ESTILOS – ANÁLISIS COMPARATIVO DE MODELOS. De la comparación de ambos módulos surge que los campos 1 (Estrategia) y 2 (Ejecutor) tienen correlación con la dimensión estratégica u operativa del citado análisis, en tanto que los campos 3 (Gestión del talento) y 4 (Desarrollador del capital humano) pertenecen al *sistema social* correspondiente a la dimensión *sistema social o técnico*.

4 - pág. 78

Gerencia y liderazgo – Conceptos de Kotter

"LIDERAZGO"	"GERENCIA"
Señalar el rumbo	Planificar y presupuestar
Alinear gente	Organizar y nombrar personal
Motivar gente	Controlar y resolver problemas

John P. Kotter, en su libro *La verdadera labor de un líder* (Norma, 1999), y en línea con lo dicho en obras anteriores, sostiene que gerencia y liderazgo son cosas distintas. Seguidamente transcribimos dos párrafos ilustrativos del Capítulo 3 de esa obra:

> *Hablo de liderazgo como desarrollo de una visión y de unas estrategias, conseguir gente que pueda apoyar esas estrategias y delegar poder en unos individuos para que hagan realidad esa visión, a pesar de los obstáculos. Lo anterior contrasta con gerencia, que significa mantener funcionando el sistema existente, planeando, presupuestando, organizando, administrando personal, controlando y resolviendo problemas. El liderazgo se manifiesta a través de las personas y de la* cultura*. Es suave y cálido. La gerencia funciona a través de jerarquías y sistemas. Es más dura y más fría.*
>
> *No se trata de que lo que llamamos liderazgo sea bueno y lo que llamamos gerencia sea malo. Simplemente son dos cosas distintas que sirven para cosas distintas. El propósito fundamental de la gerencia es mantener funcionando el sistema existente. El propósito fundamental del liderazgo es producir un cambio útil, especialmente no cuantitativo.*

M 53 - pág

A continuación haremos referencia a tres secciones del capítulo citado, donde Kotter analiza la distinción señalada.

1. *Señalar un rumbo [LIDERAZGO] contra planear y presupuestar [GERENCIA]. Puesto que la función del liderazgo es producir cambio, señalar el rumbo de ese cambio es fundamental para liderar. Establecer el rumbo no es nunca lo mismo que planear, o incluso que planear a largo plazo, aunque frecuentemente la gente los confunda. La planeación es un proceso de gerencia, deductivo por naturaleza, destinado a producir resultados en un orden determinado, no cambio. Señalar un rumbo es algo más inductivo.*
2. *Alinear gente [LIDERAZGO] contra organizar y nombrar personal [GERENCIA]. Cuando los gerentes "organizan", lo hacen para establecer sistemas capaces*

de poner en práctica un plan tan precisa y eficazmente como sea posible. Esto, generalmente, requiere tomar una serie de decisiones potencialmente complejas. (…) Tales decisiones se parecen mucho a las de un arquitecto. Se trata de encajar en un determinado contexto. (…)
Alinear gente es diferente. Es más un desafío comunicativo que un problema de diseño.

58 - pág. 161 *3. Motivar gente [LIDERAZGO] contra controlar y resolver problemas [GERENCIA].*
Por cuanto el cambio es la función del liderazgo, ser capaz de producir un desempeño altamente motivado es importante para entendérselas con las
62 - pág. 170 *inevitables barreras que surgen frente al cambio. (…)*
Conforme a la lógica de la gerencia, los mecanismos de control comparan el desempeño sistemático con el plan y actúan cuando se detecta una desviación.

Otros autores, como Warren Bennis, proponen la misma distinción.

En nuestra opinión, Kotter, en su afán por resaltar el liderazgo, lo separa totalmente de la gerencia, limitando artificialmente el alcance de esta. Concibe una gerencia "con minúscula". Creemos que la gerencia bien entendida, "con mayúscula", comprende el liderazgo gerencial. Compartimos la caracterización y la valoración del liderazgo que propugna Kotter, pero no estamos de acuerdo con su definición acotada de la gerencia. Nuestro enfoque está completamente en línea con lo que sostiene Henry Mintzberg en su excelente libro *Directivos, no MBAs* (Deusto, 2005): *se ha puesto de moda distinguir dirección y liderazgo. Se supone que el liderazgo es algo más grande, más importante. Rechazo dicha distinción, simplemente porque los directivos tienen que liderar y los líderes tienen que dirigir. La dirección sin liderazgo es estéril; el liderazgo sin dirección está desconectado y fomenta la fatuidad.* Cabe aclarar que la traducción del texto de Mintzberg emplea la palabra "dirección" como sinónimo de "gerencia" (management). Con la separación que hace Kotter sería razonable sostener que determinada persona puede ser un buen gerente a pesar de ser un mal líder. En cambio, si se parte del concepto de liderazgo gerencial, un mal líder estaría lejos de ser un buen gerente.

Gerencia y liderazgo – Liderazgo gerencial

Convencionalmente, utilizamos el término "gerente" en un sentido bien amplio: quien tiene a su cargo un área de responsabilidad, desde toda la organización tomada en conjunto hasta un pequeño sector o proyecto, y que, para ejercer su responsabilidad, también tiene personas a su cargo; vale decir que *es responsable del desempeño de su gente*. El concepto abarca al dueño que conduce su negocio, al gerente general de una empresa, a los gerentes funcionales o divisionales, al jefe de un sector, al encargado de un proyecto, etcétera.

En sustancia, dicho concepto equivale al de "jefe". Algunas personas prefieren no usar esta palabra porque le asignan una connotación negativa. Sin embargo, la figura del jefe es a la vez una necesidad y una realidad de las organizaciones. Por su función, la persona que ejerce como jefe dispone de cierta autoridad sobre el resto de los miembros asignados a su área de responsabilidad, que por ello se denominan "colaboradores" o "subordinados".

Eso significa que el jefe tiene la última palabra en las decisiones que le competen, cualquiera sea la manera de tomarlas (participativa, directiva, entre otras). En correlación con su autoridad, el jefe es responsable frente a sus superiores de las actividades y resultados de las personas que conduce; tiene lo que en inglés se llama *accountability*. Su jerarquía se exterioriza también a través de otros elementos, como recursos disponibles, símbolos de status, formas de trato, etcétera.

M 60 - pá

Sin embargo, es válido extender el concepto de gerente a las personas que reúnen las características siguientes (aunque no tengan gente a su cargo):

- Administran recursos financieros, físicos o intangibles importantes.
- Para cumplir su función deben ejercer influencia significativa sobre otros miembros de la organización.

Por otra parte, "liderazgo" es el proceso por el cual una persona *influye* en otras para que se encaminen hacia el logro de objetivos comunes. El liderazgo depende de

M 57 - pá

2 - pág. 51

los atributos del líder, pero su ejercicio implica una relación entre el líder y el liderado, la cual depende también de la predisposición del liderado y de las condiciones de la situación. Si no media tal relación de influencia, no hay liderazgo.

El buen gerente debe ejercer un adecuado liderazgo sobre sus colaboradores. Pero el liderazgo no se circunscribe a esta relación. Bien puede ser a la inversa: que los colaboradores influyan sobre el jefe. Además, existe el liderazgo entre pares o en cualquier otro tipo de relación dentro de la organización, así como en muchos otros ambientes: la familia, el grupo de amigos o colegas, el deporte, etcétera.

Asimismo, hay funciones gerenciales que *per se* no implican liderazgo; por ejemplo, controlar los resultados del sector a cargo sobre la base de un informe escrito.

De lo antedicho surge que entre gerencia y liderazgo existe una suerte de solapamiento parcial que refleja el gráfico presentado al inicio: una parte de la gerencia requiere el ejercicio del liderazgo y una parte del liderazgo es ejercida por gerentes. A la zona en común la denominamos "liderazgo gerencial".

Gerenciar gerentes – Liderar líderes

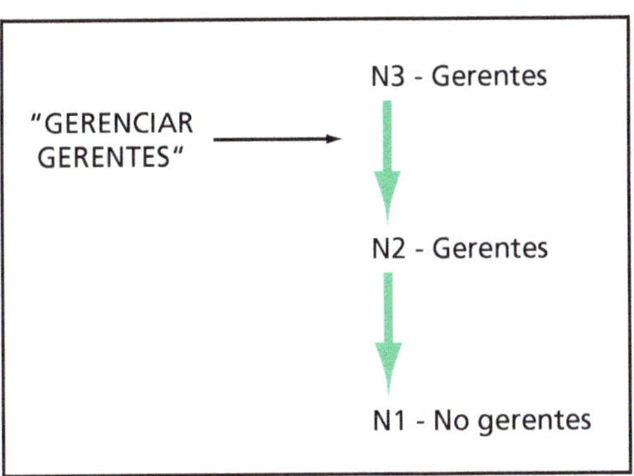

En el módulo GERENCIA Y LIDERAZGO - LIDERAZGO GERENCIAL sentamos nuestra definición de "gerente", en sentido amplio, y expusimos nuestro punto de vista acerca de la relación entre gerencia y liderazgo, lo cual dio lugar al concepto de "liderazgo gerencial". En este módulo trataremos lo que se ha dado en llamar "gerenciar gerentes". Pero, en el marco del liderazgo gerencial establecido, la idea de gerenciar gerentes también podría denominarse "liderar líderes". M 03 - pág

En una organización podemos identificar al menos tres niveles (N) gerenciales (salvo casos de solo dos niveles, generalmente empresas pequeñas), contando de abajo hacia arriba:

N1 – No gerentes

N2 – Gerentes a cargo de los N1

N3 – Gerentes a cargo de los N2

Por encima de los N3 puede haber otros niveles superiores (N4, N5, etc.). En tal caso, lo que se indica a continuación para los N3 es igualmente aplicable a dichos niveles superiores.

En la estructura señalada, los N3 deben cumplir una función que no tienen los N2: "gerenciar gerentes", que consiste en monitorear cómo los N2 ejercen la conducción de los N1 y contribuir al desarrollo de los N2 en este aspecto (rol humano). Esta función, fundamental en materia de liderazgo, suele ser muy importante, por su influencia sobre la productividad y la motivación de los N1, habida cuenta de las limitaciones que es habitual observar en una proporción mayor o menor de los N2, en cuanto a la conducción de su gente. Sin embargo, en muchas organizaciones el ejercicio de dicha función deja bastante que desear, lo cual repercute negativamente *en cascada*. Todo ello implica la conveniencia de desarrollar la competencia de gerenciar gerentes.

La función de gerenciar gerentes requiere que el N3 incursione en cómo el N2 se comporta con sus colaboradores del N1. Esta incursión tiene su complejidad y dificultades. En general, al N3 le cuesta más percibir dicho comportamiento que el producto que le entrega el N2. Y, aunque disponga de cierta información, esta puede provenir de procesos informales que luego es problemático manejar abiertamente. Además, no es extraño que gerentes del N3 sientan mayor interés por el producto "para arriba" del N2, que le repercute directamente y en el corto plazo, que por la relación humana entre el N2 y el N1. En esta relación, los que "la saben" enseguida y los más afectados son los propios miembros del N1.

El gerenciar gerentes demanda actitud proactiva, fuerte dedicación y competencias especiales, lo cual no es tan común encontrar. El sistema de evaluación de desempeño denominado "Feedback 360°" puede ser de gran ayuda en esta tarea.

Otro aspecto importante de gerenciar gerentes es una dimensión adicional en cuan-
4 - pág. 173
to al trabajo en equipo. El N3 tiene la responsabilidad no solo de desarrollar lo "intragrupal" de su gente del N2, sino que también tiene que cuidar lo "intergrupal" entre los del N1. Habitualmente, existe correlación entre el grado de trabajo en equipo intragrupal de un nivel y el grado en lo intergrupal del nivel siguiente para abajo. Por ejemplo, el conflicto entre dos miembros de N2 acostumbra tener efectos negativos sobre las relaciones entre los respectivos colaboradores de N1.

Liderazgo de los colaboradores – Matriz de Kelley

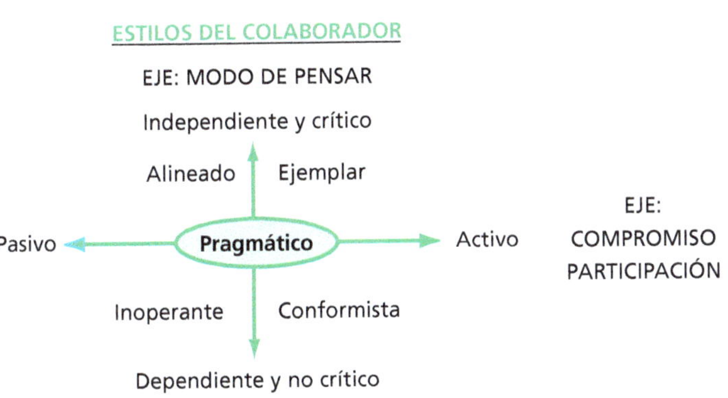

Gran parte de los textos, las conversaciones y la capacitación está dirigida al líder, incluyendo al liderazgo gerencial; o sea al liderazgo del gerente con sus colaboradores. Pero ¿qué pasa con el liderazgo que el colaborador puede o debe ejercer con su gerente? Este tema es tratado por Robert Kelley en su libro *Líderes y seguidores – Cooperación mutua en beneficio de la em*presa (McGraw-Hill, 1993), que destaca lo siguiente:

- Los líderes contribuyen, como promedio, no más de un 20% al éxito de la mayoría de las organizaciones.
- Los seguidores son cruciales para el 80% restante.
- La mayoría de la gente pasa más tiempo trabajando como seguidor que como líder.
- Si bien Kelley habla de líderes y seguidores, en sustancia se está refiriendo al liderazgo de los gerentes y de los colaboradores, respectivamente.

En cuanto al liderazgo de los colaboradores, Kelley señala dos dimensiones o ejes fundamentales: el modo de pensar y el modo de actuar. Respecto del modo de pensar distingue el independiente y crítico del dependiente y no crítico. Respecto del modo de actuar, que se refiere al compromiso y la participación, distingue el activo del pasivo. Dichos ejes y sus respectivas distinciones dan lugar a un modelo matricial que comprende cuatro prototipos de estilos del colaborador:

M 55 - pág

- *Ejemplar* – Independiente y crítico y activo.
- *Conformista* – Activo pero dependiente y no crítico.
- *Alienado* – Independiente y crítico pero pasivo.
- *Inoperante* – Dependiente y no crítico, y encima pasivo.

El rótulo de "inoperante" lo elegimos nosotros. Kelley lo titula "pasivo", empleando la misma palabra tanto para identificar una de las dos alternativas del eje del modo de actuar como para denominar el estilo que corresponde a uno de los cuatro cuadrantes del modelo. Nosotros hemos preferido evitar el empleo de una misma palabra para significar dos conceptos distintos.

El gráfico inicial refleja los estilos del colaborador en línea con lo indicado en los párrafos precedentes. Kelley agrega un quinto estilo, el pragmático, que tiene un poco de los otros cuatro estilos.

En el resto del libro Kelley analiza los comportamientos de cada uno de los cinco estilos, así como también sus causas y consecuencias.

Liderazgo femenino

¿ + ó = ó - ?

El desarrollo de la temática referida a liderazgo femenino ronda en torno a cuatro ejes: porcentaje de mujeres en puestos jerárquicos, diferencias salariales entre mujeres y hombres, equilibrio entre vida personal y profesional, y el liderazgo femenino en sí. En este módulo desarrollaremos el último eje.

Los estilos de liderazgo y las competencias desplegadas difieren entre hombres y mujeres. Hay ciertas competencias que por lo general las mujeres tienen más desarrolladas, otras que los hombres suelen desplegar con mayor facilidad y otras en las cuales no hay diferencias entre los dos géneros.

M 25 - pá

Un trabajo de McKinsey (*McKinsey survey and análisis 2008. The Leadership Style of Women and Men,* Alice H. Eagly and Mary C. Johannesen-Schmidt, 2001) demuestra lo anterior:

Desempeño	Competencia
Se destacan las mujeres	• Desarrollo de otros • Reconocimiento • *Role modeling*
Las mujeres se destacan, por poco	• Liderazgo inspirador • Liderazgo participativo
No hay diferencia entre mujeres y hombres	• Estimulación intelectual • Comunicación eficiente
Se destacan los hombres	• Toma de decisiones • Control • Acciones correctivas

M 18 - pá
M 38 - pá

En su libro *Re-imagina,* Tom Peters (Pearson Educación, 2015), destaca que el mundo laboral está siendo más propicio para las mujeres que para los hombres. En 1996, ya había 8,4 millones de mujeres y 6,7 millones de hombres en las universidades norteamericanas; en 2007, esa disparidad aumentó a 9,2 millones de mujeres contra 6,9 millones de hombres. Además, a diferencia de los hombres, la mayor parte de las mujeres permanecen y terminan lo que empezaron.

De algún modo, el autor hace una cierta advertencia a los hombres, declarando que el mundo laboral anteriormente era más propicio para que ellos tuvieran éxito, pero señala que el mundo laboral actual y el que se viene es más propicio para las mujeres. El mundo laboral, según el autor:

Era	Es y será
Competencia	Cooperación
Reglas	Relaciones
Unitarea	Multitarea
Dar órdenes	Hacer preguntas
Reivindicaciones rígidas	Señales sutiles
Del "Sí, señor"	Al "Gracias"
Conquista	Comunicación
Management	Empowerment
Mando y control	Conexión y zalamería
Información: "necesidad de saber"	Información: "deseo de compartir"
Mujeres en funciones de "apoyo"	Mujeres en puestos de ventas

4 - pág. 152

Con relación al liderazgo femenino, aquellas mujeres que ocupan cargos gerenciales y directivos suelen tener que liderar en organizaciones donde prevalecen líderes masculinos. Por ende, no solo deben liderar en culturas con estilos masculinos, sino que muchas veces tienen que liderar a hombres.

3 - pág. 150

Dado que las mujeres tienen que liderar en un mundo en el que predominan los hombres y por ende los comportamientos de tipo masculino, suele suceder que aquellas con cargos gerenciales o directivos se ven en la obligación de adquirir comportamientos más propios de los hombres. Esto podría no significar un problema. Sin embargo, la dificultad surge cuando:

1. Se pierden los comportamientos más propios del género femenino.
2. Los comportamientos masculinos adquiridos, por no ser naturales, se exageran.

Es bastante común encontrar mujeres que en su liderazgo terminan perdiendo empatía: se vuelven demasiado rígidas, algo agresivas y poco flexibles. Hay muchos ejemplos en los ámbitos político y económico que dan cuenta de este suceso.

El liderazgo femenino es clave en el desarrollo de las organizaciones por distintos motivos, pero fundamentalmente por tres:

- Enriquece los análisis: ellas utilizan su cerebro de una manera diferente.
- Favorece la diversidad: ven las cosas de una manera distinta a la de los hombres y esto suele enriquecer los debates, complementar los planes, etc.
- Promueven comportamientos que los hombres no: favorecen la escucha, la comprensión, la empatía, el equilibrio de vida personal y trabajo, etc.

M 16 - pág

Liderazgo gerencial – Funciones

FUENTE	CAMPOS	
	Desarrollo de ideas	**Influencia interpersonal**
Kouzes y Posner	• Desafiar al proceso • Inspirar una visión compartida – Imaginar un futuro...	• Inspirar una visión compartida – Reunir a otros... • Habilitar a otros para actuar • Servir de modelo • Brindar aliento
Kotter	• Señalar un rumbo	• Alinear y motivar
Roles gerenciales (principalmente) 1 - pág. 48	• Arquitecto	• Humano

Este tema de las funciones del liderazgo gerencial ha sido tratado en abundancia y por muchísimos autores. En este módulo nos ha parecido oportuno hacer referencia a una de las obras que consideramos más valiosas al respecto: *El desafío del liderazgo,* de Jim Kouzes y Barry Posner (Ediciones Granica, 1997).

A continuación transcribimos el cuadro que figura en el Capítulo 1 de dicho libro:

DIEZ COMPROMISOS DEL LIDERAZGO	
Prácticas	**Compromisos**
Desafiar el proceso	1. Salir a la búsqueda de oportunidades que presenten el desafío de cambiar, crecer, innovar y mejorar.
	2. Experimentar, correr riesgos y aprender de los errores que se producen.
Inspirar una visión compartida 3 - pág. 63	3. Imaginar un futuro edificante y ennoblecedor.
	4. Reunir a otros en torno a una visión común apelando a sus valores, intereses, esperanzas y sueños.
Habilitar a otros para actuar	5. Fomentar la colaboración mediante la promoción de metas cooperativas y la generación de confianza. 5 - pág. 58
	6. Fortalecer a las personas mediante la cesión de poder, la posibilidad de elección, el desarrollo de la competencia, la adjudicación de tareas críticas y el ofrecimiento de apoyo.
Servir de modelo	7. Dar el ejemplo comportándose en forma coherente con los valores compartidos.
	8. Obtener pequeños triunfos que promuevan el progreso firme y generen compromiso. 5 - pág. 154
Brindar aliento	9. Reconocer las contribuciones individuales al éxito de cualquier proyecto.) - pág. 46
	10. Celebrar los logros del equipo en forma regular.

Dichos compromisos se pueden agrupar en dos grandes campos:

I. El desarrollo de las ideas, que incluye los tres primeros compromisos.

II. El ejercicio de la influencia interpersonal, que comprende el resto de los compromisos. M 57 - pág.

Si partimos del enunciado de John P. Kotter que figura en el cuadro inicial del módulo GERENCIA Y LIDERAZGO – CONCEPTOS DE KOTTER, podemos establecer la siguiente distinción, similar a la propuesta en el párrafo precedente: M 02 - pág.

I. Señalar el rumbo.

II. Alinear y motivar a la gente. M 58 - pág.

Asimismo, si tomamos la relación entre los roles gerenciales y el liderazgo indicado al final del módulo ROLES DEL GERENTE Y LIDERAZGO, y dado que los roles de operador y administrador afectan el liderazgo en menor grado, en línea con los párrafos anteriores nos queda: M 11 - pág.

I. Rol de arquitecto.

II. Rol humano.

En síntesis, las tres fuentes (Kouzes y Posner; Kotter, y el modelo de roles gerenciales) concuerdan acerca de las dos grandes funciones del liderazgo gerencial.

108 Liderazgo gerencial – Modelo "idealista-normativo"

Concentración en los procesos humanos
Desprecio por la motivación extrínseca
Falta de enfoque situacional

La obra de Peter Senge *La quinta disciplina* (Ediciones Granica, 1992) ha sido un hito fundamental en el desarrollo de conceptos y técnicas en materia de organización ideal y el liderazgo consecuente. Senge destacó cinco disciplinas: pensamiento sistémico, dominio personal, modelos mentales, visión compartida y aprendizaje en equipo, cuya aplicación da lugar a la "organización inteligente". Y propuso un estilo de liderazgo conducente a tal tipo de organización, muy distinto al del líder tradicional: "personas especiales que marcan el rumbo, toman las decisiones cruciales y arengan a las tropas" (especie de héroes). En este orden, enfatizó tres roles del "nuevo líder": diseñador, mayordomo y maestro.

Dicha obra generó una fuerte corriente de pensamiento que tuvo importantes seguidores. Compartimos la idea de que la propuesta apunta claramente a formar mejores organizaciones y a un liderazgo más enriquecedor. Pero, sin negar su valor, pensamos que tiene limitaciones:

52 - pág. 149
54 - pág. 173
49 - pág. 142

A. La propuesta enfatiza la importancia de los comportamientos personales y de las relaciones interpersonales (comunicación abierta, trabajo en equipo, etcétera), por oposición a emprendimientos de cambio organizacional que fundamentalmente intervienen en la estrategia, la estructura y los sistemas (trilogía que denominamos "arquitectura"). Estamos completamente de acuerdo con el énfasis en los procesos humanos. Pero no con inclinar la balanza hacia el otro extremo; esto es, que la palanca de cambio radica más en dichos procesos que en la arquitectura. Nos parece más adecuado un enfoque sistémico que presta atención tanto a la arquitectura como a los procesos humanos y a su mutua relación circular. La exageración de la importancia relativa de los procesos humanos como disparador del cambio organizacional representa un modelo no sistémico, valga la paradoja, habida cuenta del pensamiento sistémico tan bien descrito por Senge.

58 - pág. 161

B. Desde el punto de vista de la motivación, Senge apela principalmente a la intrínseca: la atracción de la tarea, el aprendizaje inherente a la tarea, la satisfacción de las necesidades de pertenencia, estima y autorrealización, etcétera. En su obra hay muy poca referencia a la motivación extrínseca. Por ejemplo, no trata mayormente el sistema de recompensas como factor de cambio en el comportamiento humano. Por más que se exalte la relevancia de la motivación intrínseca, en el mundo actual no puede negarse la influencia de la motivación extrínseca. Esto se relaciona con el enfoque sistémico indicado en A.

C. A la teoría sengeniana le faltan consideraciones de carácter situacional, del tipo de: si la situación es tal, conviene proceder de cierta manera, pero en condiciones distintas es preferible optar por otros caminos. Por ejemplo, ¿qué hacer cuando la conducción es muy autoritaria (no hay posibilidad de cambiarla) y además para sobrevivir es inevitable reducir personal en un 30% durante los próximos 3 meses? Seguramente que las recomendaciones de Senge pueden ayudar a encontrar soluciones apropiadas. Pero también es probable que tales soluciones se alejen de la filosofía sengeniana. El management y la consultoría gerencial, al igual que la política, conforman el arte de lo posible. M 44 - pág

D. Algunos discípulos de Senge han concentrado su propuesta en lo siguiente:

   I. Actividades educativas (incluyendo el coaching) orientadas al cambio individual y grupal. M 68 - pág

   II. Este cambio enriquece los procesos humanos en la organización.

   III. Tal enriquecimiento redunda en una mejora de toda la organización y de su desempeño.

Encontramos apropiado este abordaje, siempre y cuando no se pierdan de vista ciertas observaciones:

- Tal abordaje configura una parte de todas las intervenciones que habitualmente son necesarias para lograr efectivamente un cambio organizacional significativo. Este concepto responde a lo dicho en A, con respecto a la necesidad de un enfoque sistémico del cambio organizacional.
- Un replanteo individual positivo para la persona en sí, no necesariamente es aprovechado por la organización. Puede ocurrir, y ha ocurrido, que el retorno entusiasta del individuo se enfrenta con una cultura antagónica que él no puede modificar; y entonces aumenta su frustración, amén del riesgo de conflictos que le son desfavorables. Hemos tenido la oportunidad de observar este fenómeno en diversas organizaciones que se embarcaron en proyectos de tipo I-II-III. M 53 - pá

Los comentarios hechos en A a D no entrañan en absoluto un rechazo del modelo de Senge y sus discípulos. Sin embargo, en nuestra opinión, es demasiado normativo: se concentra en el "debería ser", sin tomar en cuenta debidamente los factores situacionales; y a la vez es demasiado idealista, al pretender un prototipo de organización que puede ser inalcanzable, debido justamente a los factores situacionales. Por ello nos inclinamos a llamarlo modelo "idealista-normativo", que en determinadas circunstancias puede resultar rígido en detrimento de un liderazgo eficaz.

09 Liderazgo gerencial – Niveles según Maxwell

John C. Maxwell, en su libro *How succesful people lead* (*Cómo lidera la gente exitosa*; Center Street, 2013), señala cinco niveles de liderazgo en función de cuál es el factor fundamental que lo genera, yendo de lo más básico (nivel 1) a lo más elevado (nivel 5).

En el nivel 1, titulado "posición" (*position*), la gente sigue al líder porque tiene la obligación de hacerlo. La influencia proviene de la condición de jefe del líder. Esto de por sí no tiene nada de malo, pero implica una limitación importante en cuanto a su alcance: los colaboradores responden dentro del marco de autoridad formal del jefe. En especial, este nivel presenta dificultades para liderar voluntarios, gente joven o de alta educación. Y se apoya mucho en la motivación extrínseca de los liderados.

7 - pág. 158

En el nivel 2, titulado "permiso" (*permission*), la gente sigue al líder porque quiere. Se basa en la buena relación entre el líder y sus liderados, debido al buen trato que este tiene con ellos. El líder conoce a sus colaboradores y estos conocen al líder. Entonces, el clima resulta muy positivo. El citado autor sostiene: "Usted puede gustar de la gente sin liderarla, pero usted no puede liderarla debidamente si no gusta de ella. De esto se trata el nivel 2". Este nivel facilita la motivación intrínseca de los liderados y depende de la inteligencia emocional del líder, especialmente de su capacidad social.

En el nivel 3, titulado "producción" (*production*), la gente sigue al líder por lo que él ha hecho para la organización. Se basa en la capacidad del líder de tomar decisiones y de lograr resultados. Aquí juega positivamente un adecuado ejercicio de los roles de administrador y de arquitecto.

- pág. 48

En el nivel 4, titulado "desarrollo de la gente" (*people development*), esta sigue al líder por lo que él ha hecho por ella. El líder invierte en el desarrollo de sus colaboradores; así estos, a su vez, se vuelven líderes por derecho propio. Se destacan dos aspectos: alto grado de trabajo en equipo e incremento en el desempeño del grupo. En este nivel es relevante el ejercicio del rol humano, dentro del modelo de roles gerenciales. Además, tiene bastante en común con el estilo 9.9 del *grid* de Blake y Mouton.

- pág. 173

El nivel 5, titulado "pináculo" (*pinnacle*), la gente sigue al líder por lo que él es y representa. Se trata del nivel más alto y más difícil de lograr. En tanto la mayoría de las personas pueden aprender para escalar los niveles de 1 a 4, el nivel 5 requiere no solo esfuerzo, habilidades e intencionalidad, sino también un elevado grado de talento. Solo personas dotadas naturalmente pueden llegar a este nivel. Un rol fundamental de los líderes de nivel 5 es desarrollar gente para que sean líderes de nivel 4, que es una de las tareas más dificultosas del liderazgo. Esto significa la aplicación de la propuesta de "gerenciar gerentes" en su más alto nivel. M 04 - pág

El modelo descripto incluye diez conceptos destacables:

1. Usted puede ascender al nivel siguiente pero nunca dejar atrás el nivel previo (o sea que los niveles son acumulativos).
2. Usted no está en el mismo nivel con todas las personas (esto se relaciona con el liderazgo situacional).
3. Cuanto más alto suba, más fácil es liderar a otros.
4. Cuanto más alto suba, más tiempo y compromiso se requiere para ganar el nivel.
5. Se asciende despacio, pero se puede caer rápido.
6. Cuanto más alto suba, mayor es el retorno de la inversión.
7. Ascender en los niveles siempre requiere un crecimiento personal adicional.
8. El no escalar los niveles los limita a usted y a su gente.
9. Cuando usted cambia de posición o de organización, pocas veces permanece en el mismo nivel.
10. Usted no puede escalar los niveles sin la ayuda de otros.

Para cada uno de los cinco niveles indicados, en sendos capítulos del libro citado el autor analiza:

- El lado positivo (*upside*) y el lado negativo o riesgoso (*downside*) del nivel.
- Los comportamientos más favorables del nivel.
- Cómo pasar al nivel siguiente.

En el módulo PODER Y LIDERAZGO distinguimos dos tipos de poder: el de la autoridad formal y el personal, y dijimos que el liderazgo, en sentido estricto, radica en el segundo, no en el primero. En este sentido, el liderazgo que Maxwell ubica en el nivel 1 no implicaría liderazgo propiamente dicho. Los niveles 2 a 5 sí constituyen liderazgo, porque se basan en el poder personal. De todos modos, es válido plantear el nivel 1 como el punto de partida, para ir desarrollando el liderazgo en los niveles siguientes. M 61 - pá

10

Liderazgo gerencial en torno a la tarea de los colaboradores

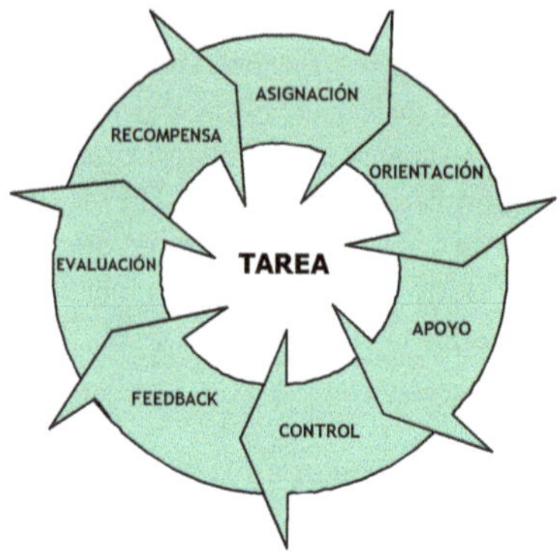

El liderazgo gerencial en torno a la tarea de los colaboradores comprende las siguientes funciones:

1. Asignar la tarea.
2. Brindar orientación para ponerla en marcha: acordar objetivos, suministrar instrucciones, transmitir valores, etcétera.
3. Brindar apoyo a lo largo de la tarea, tanto en aspectos inherentes a la actividad como a problemas personales que puede tener el colaborador.
4. Controlar la ejecución de la tarea y sus resultados.
5. Suministrar feedback al colaborador.
6. Evaluar formalmente el desempeño del colaborador en relación con la tarea y comunicarle debidamente la evaluación.
7. Administrar el régimen de recompensas (premios y castigos). Aquí es importante tener en cuenta que el régimen de recompensas comprende muchos factores, además de la remuneración.

Es conveniente precisar la diferencia entre *feedback* (función 5) y *evaluación formal* (función 6). Feedback es información que una persona (el emisor) da a otra (el receptor) acerca del desempeño (la conducta y sus resultados) del receptor, con el propósito de ayudarlo. Dentro del feedback cabe hacer la distinción entre el feedback positivo, que consiste en el refuerzo de un desempeño favorable (por ejemplo, por medio del elogio), y la crítica constructiva, correspondiente a un desempeño mejorable. El feedback es información que puede o debe darse en múltiples oportunidades. En este sentido, es distinto de la entrevista de evaluación que formalmente cabe hacer en un momento determinado, en general de acuerdo con políticas establecidas; por ejemplo, una o dos veces al año. La evaluación suele incluir un resumen del feedback brindado en las oportunidades respectivas.

El tipo y el alcance de las cuatro primeras funciones (asignación, orientación, apoyo y control) deben adecuarse al nivel de desarrollo (competencia y motivación) del colaborador respecto de la tarea, así como también a otros factores que juegan en la situación. A su vez, el tipo y el alcance adoptados influyen sobre el futuro nivel de desarrollo del colaborador. Por ejemplo, una asignación injusta, la exigencia de objetivos absurdos, la carencia de apoyo o un control exagerado pueden atentar contra la motivación; y es fácil imaginar muchos otros ejemplos de comportamientos del líder que favorecen o perjudican la competencia o la motivación.

M 42 - pág.

En cambio, el tipo y el alcance de las otras tres funciones (feedback, evaluación y recompensas) dependen del desempeño del colaborador en la tarea, aunque también afectan su competencia y motivación.

M 58 - pág.

En los dos párrafos precedentes señalamos la conveniencia de variar el tipo y el alcance de las siete funciones indicadas sobre la base de los factores pertinentes. Sin embargo, esta variación no quita que *debe cumplirse necesariamente con las siete funciones*; claro está que de diversas maneras y en distintas medidas, según las circunstancias.

Aún más: la omisión o el ejercicio indebido de cualquiera de ellas suele atentar contra el resto de las funciones. Por ejemplo, si el líder no brindó la orientación o el apoyo correspondiente, ¿cuál habrá de ser su predicamento para suministrar feedback o para la entrevista de evaluación?; o si perdió el control, ¿cuál es su base para las funciones siguientes?; o si no dio feedback sobre ciertos comportamientos del colaborador, ¿cuál puede ser la reacción de este frente a su mención tardía en la entrevista de evaluación?; o si se equivocó en la evaluación, ¿cuál puede ser el efecto sobre el régimen de recompensas?; etcétera.

En *Competencias, cambio y coaching*, de la colección "Módulos de management" (Ediciones Granica, 2015), en los módulos 56 a 59 profundizamos sobre la técnica del feedback.

Roles del gerente y liderazgo

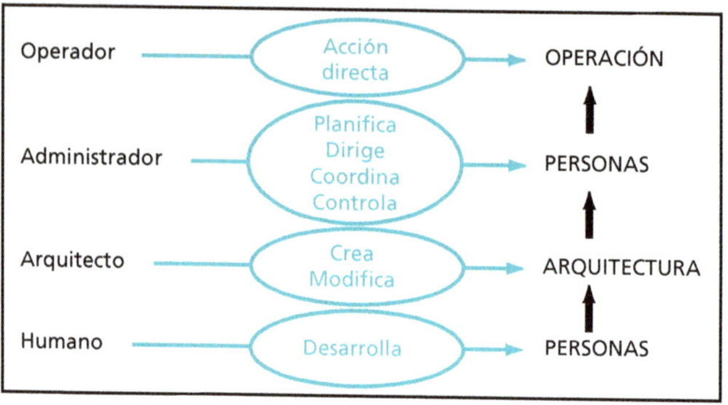

03 - pág. 31

En el módulo GERENCIA Y LIDERAZGO – LIDERAZGO GERENCIAL establecimos el concepto de gerente, en sentido amplio.

En el Capítulo 1 de *El gerente: estratega y líder del cambio* (Ediciones Granica, 2015) indicamos las responsabilidades habituales de un gerente:

- Conducir el área de responsabilidad a su cargo.
- Ejercer otras funciones que trascienden su área de responsabilidad, como ser participar en un proyecto especial, desarrollar ciertas actividades en la comunidad, etcétera.
- Contribuir a su autodesarrollo.

En los capítulos 2 y 3 del mismo libro presentamos nuestro *Modelo de análisis organizacional* que sirve de mapa para identificar los roles del gerente en función del elemento de la organización que constituye el principal objeto de su actividad:

1. *Operador* – Actúa personalmente en la operación.
2. *Administrador* – Gestiona la operación a través de otras personas, incluyendo especialmente sus colaboradores.
3. *Arquitecto* – Crea o modifica la arquitectura, compuesta por la estrategia, la estructura y los sistemas de la organización.
4. *Humano* – Se ocupa del desarrollo de las personas.

El rol de *operador* en sí no es gerencial; es una actividad que realiza un gerente al igual que los demás miembros de la organización. En cambio, los otros tres roles sí son gerenciales.

Cuando el gerente actúa como operador, interviene personal y directamente en la operación, realizando actividades en el campo funcional o técnico. El rol de operador ofrece dos aspectos principales: la especialización acerca de la función en sí, y la orientación al cliente (externo o interno), que es la finalidad de toda operación. Este segundo aspecto incluye prestarle atención al cliente actual o potencial y brindar un servicio que responda a sus expectativas.

Como *administrador*, el gerente planifica, dirige, coordina y controla las tareas de las personas en la operación. Su campo de acción es la operación, pero ejerce su rol a través de otros. Además, su meta es el logro de resultados, lo que incluye la gestión económica y financiera. En tanto administrador, el gerente se basa en la arquitectura establecida; no crea ni modifica la arquitectura (función que asignamos al rol de arquitecto). Por otra parte, excluye la intervención personal y directa en la operación (que asignamos al rol de operador).

En su carácter de *arquitecto*, el gerente crea o modifica la arquitectura: elabora la estrategia de la organización o del sector, y alinea al resto de la organización o del sector con la estrategia, lo cual implica el diseño de la estructura y el desarrollo de sistemas. El gerente realiza su tarea de arquitecto personalmente o a través de los colaboradores.

En el rol *humano,* el gerente interactúa con las personas a fin de contribuir a su desarrollo (aprendizaje y motivación); incluye las siguientes funciones:

- Ejercer el liderazgo gerencial en cuanto a la estrategia de la organización y del área de responsabilidad a su cargo.
- Ejercer el liderazgo gerencial en torno a la tarea de sus colaboradores: brindar orientación, apoyo, feedback, coaching, etcétera. M 10 - pá
- "Gerenciar gerentes": monitorear y apoyar el desempeño de las personas a su cargo como gerentes de sus propios colaboradores (en la medida en que sea aplicable). M 04 - pá
- Liderar el clima y la cultura de su sector. M 53 - pá
- Desarrollar el trabajo en equipo. M 64 - pá
- Ejercer las funciones correspondientes de gestión de recursos humanos (reclutamiento, capacitación y desarrollo, evaluación del desempeño, etcétera).

En gran medida, el rol humano se practica "a caballo" de los otros roles del gerente. Por ejemplo, la supervisión de las tareas de sus colaboradores corresponde al rol de administrador, pero la manera en que lo hace (si brinda coaching, si da el feedback adecuado, si motiva o desmotiva, etcétera) pertenece al rol humano.

En adición los cuatro roles indicados hay tener en cuenta ciertas funciones "transversales" que son comunes a todos ellos:

- La gestión de la información y la comunicación en todos los sentidos.
- La resolución de problemas y la toma de decisiones.
- La delegación de funciones y tareas, fundamentalmente en sus colaboradores.

- La de "integrador" de las actividades intersectoriales, que atañe principalmen te a la relación del gerente con sus superiores y pares y otros miembros de la organización.

Por otra parte, es interesante examinar la relación entre los roles del gerente y el liderazgo. Liderar es influir sobre personas y grupos para que se encaminen voluntariamente hacia el logro de objetivos comunes. El buen gerente debe ejercer un liderazgo adecuado sobre sus colaboradores y otras personas de la organización.

7 - pág. 158

El liderazgo depende fundamentalmente del rol humano, pero también de los otros tres roles. El rol de arquitecto constituye la antesala intelectual de la influencia interpersonal. Asimismo, los demás roles inciden en cuanto al liderazgo; por ejemplo, la excelencia profesional de un gerente, puesta de relieve como operador o administrador, puede generar la admiración de sus colaboradores, lo que afecta positivamente su liderazgo.

Atributos del líder – Características personales

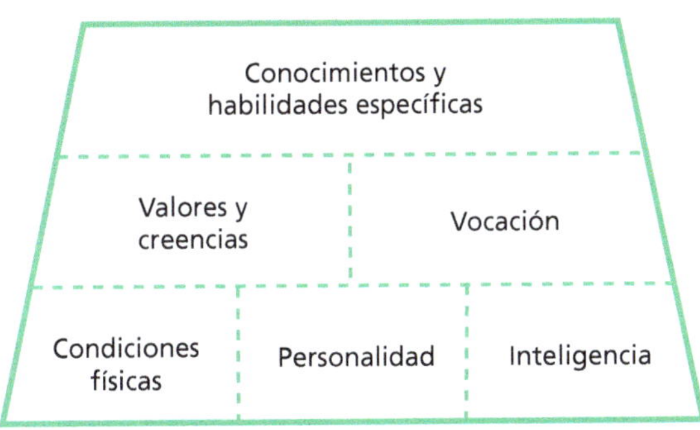

En *Competencias, cambio y coaching*, de la colección "Módulos de management" (Ediciones Granica, 2015), en el módulo 45 presentamos un modelo de análisis de los factores del desempeño, que es plenamente aplicable al ejercicio del liderazgo. Allí sostenemos que el desempeño, compuesto por el comportamiento y los resultados, depende del contexto y de factores personales; que estos factores dependen fundamentalmente de las competencias y la motivación para la tarea respectiva, y que, a su vez, estas dos facultades dependen de condiciones circunstanciales (intereses, estados de ánimo, expectativas, información disponible, etcétera) y de las características personales de carácter estructural.

En el módulo 48 de la obra citada identificamos seis categorías de características personales: conocimientos y habilidades, valores y creencias, vocación, condiciones físicas, personalidad e inteligencia. En otros módulos de la misma obra avanzamos sobre cada una de ellas. Dichas categorías nos sirven de marco conceptual para reconocer los atributos que, en general, favorecen el ejercicio de un liderazgo gerencial exitoso:

1. En materia de conocimientos y habilidades, la comprensión del negocio y la capacidad técnica necesaria. Estas condiciones importan no solo por su contribución específica, sino también por su influencia sobre los colaboradores y demás interlocutores (confianza, respeto, etcétera).

2. Ciertos valores y creencias, cuyo ascendiente sobre los demás varía significativamente en función del contexto; por ejemplo, no es lo mismo en el campo de la política que en el académico, o en el entorno político de un país que en el de otro. En el módulo ATRIBUTOS DEL LÍDER – VALORES PERSONALES tratamos este atributo. M 23 - pá

3. La vocación del líder por lo que hace, que suele tener cierto efecto de contagio sobre la actitud de los demás.

4. Las condiciones físicas. En la obra citada *Competencias, cambio y coaching*,

en el módulo 49 se destaca la importancia de este factor, especialmente con respecto al ejercicio del liderazgo.

1 - pág. 68

5. La personalidad. En el módulo ATRIBUTOS DEL LÍDER – PERSONALIDAD tratamos este atributo.

9 - pág. 65

6. La inteligencia, en sus distintas facetas: inteligencia cognitiva (creatividad, capacidad analítica, etcétera) e inteligencia emocional. En el módulo ATRIBUTOS DEL LÍDER – INTELIGENCIA EMOCIONAL tratamos este atributo.

Un atributo que suele ser significativo es la capacidad de innovación, que requiere además de creatividad (indicada en 6), perseverancia, disposición a tomar riesgos razonables y optimismo. Estas condiciones tienen que ver con la personalidad y la inteligencia emocional (indicadas en 5 y 6).

Otro atributo destacable es la capacidad de tomar decisiones, que demanda no solo inteligencia cognitiva (indicada en 6), sino también cualidades personales (confianza en sí mismo, disposición a tomar riesgos razonables, etcétera) e interpersonales (como el desarrollo de relaciones que facilitan el acceso a la información). Aquí aparecen nuevamente la personalidad y la inteligencia emocional.

3 - pág. 116

Se ha sostenido que un buen líder debe poseer un estilo participativo. Sin negar esta afirmación, es interesante hacer algunas distinciones al respecto. De los atributos indicados en 1 a 6, los cuatro primeros no implican un estilo participativo; y de los otros dos –la personalidad y la inteligencia– solo ciertos aspectos tiene que ver con la participación:

- En cuanto a la personalidad, probablemente el motivo de afiliación y el rasgo de afabilidad; no así los motivos de poder y logro y los rasgos de estabilidad emocional, extraversión, apertura y escrupulosidad, ni tampoco el concepto de sí mismo.
- Con respecto a la inteligencia, solo una parte de la inteligencia emocional: algunas de las denominadas competencias sociales o interpersonales (no todas).

De lo antedicho surge lo siguiente: por más importancia que se le otorgue al estilo participativo, implicado solo en una parte de ciertos atributos, no puede negarse todo el peso de las demás características, lo cual explica la existencia de muchos líderes exitosos que son poco participativos. Aquí se observa una brecha demasiado grande entre numerosos escritos sobre la teoría del liderazgo y la realidad.

En general, un buen líder no necesariamente debe poseer todos los atributos señalados precedentemente. En general, alcanza con destacarse en algunos de ellos, pero manteniendo un nivel suficiente en el resto para evitar problemas que atenten contra su liderazgo.

Las condiciones físicas, la personalidad y la inteligencia provienen parcialmente de factores genéticos y continúan construyéndose a lo largo de la vida. Dada la influencia de dichas características fundacionales en la configuración de los atributos del líder, se desprende que este en parte "nace" y en parte "se hace". La aceptación del "se hace", en mayor o menor grado, abre la puerta al aprendizaje del liderazgo, que analizamos en el módulo respectivo.

Por otro lado, el liderazgo, que es una relación entre líder y liderado, no es función exclusiva de los atributos del líder, sean estos genéticos o aprendidos. El liderazgo depende significativamente de las necesidades y expectativas del liderado y de otros factores que intervienen en la situación. Por ejemplo, ciertos valores personales pueden favorecer el liderazgo en determinado ambiente y perjudicarlo en otro; o un estilo de liderazgo ser eficaz en ciertas circunstancias pero ineficaz en otras. Los éxitos y fracasos de grandes líderes políticos y de famosos ejecutivos de empresas corroboran este concepto.

M 03 - pág

13

Atributos del líder – Competencias gerenciales

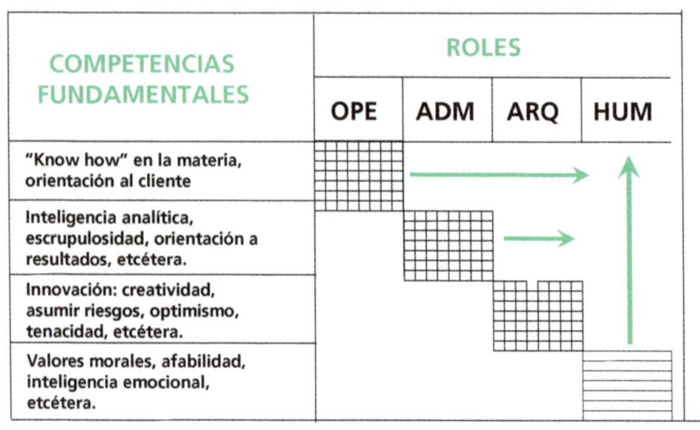

2 - pág. 51 Por una parte, en el módulo ATRIBUTOS DEL LÍDER – CARACTERÍSTICAS PERSONALES señalamos las siguientes condiciones individuales: los conocimientos y habilidades, los valores y creencias, la vocación, las condiciones físicas, la personalidad y la inteligencia. Dentro de la inteligencia, cabe distinguir la emocional de la cognitiva; y, a su vez, dentro de esta la capacidad analítica de la creatividad. Por otra parte, en el 1 - pág. 48 módulo ROLES DEL GERENTE Y LIDERAZGO analizamos los roles gerenciales (operador, administrador, arquitecto y humano) y su relación con el liderazgo. En este módulo avanzaremos sobre las competencias del líder respecto de cada uno de dichos roles, respetando el referido marco conceptual de las características personales. Nos concentraremos en aquellas competencias diferenciales que adquieren especial importancia en un rol determinado; prescindiremos de otras competencias que si bien pueden ser importantes, tienden a ser comunes a todos los roles; por ejemplo, iniciativa, flexibilidad, calidad, etcétera.

2 - pág. 51 En el rol de operador cabe resaltar los conocimientos y las habilidades inherentes a la actividad respectiva, más la orientación al cliente en el ejercicio de esa actividad (toda 2- pág. 51 operación apunta a un cliente, sea externo o interno). Habitualmente, la vocación es un factor clave para lograr un alto nivel en dichas competencias.

En el rol de administrador se requieren, en mayor o menor grado, las competencias resaltadas con respecto al operador. En la mayoría de los casos, el gerente necesita po0- pág. 46 seer dichas competencias a fin de planificar, dirigir, coordinar o controlar la operación; por ejemplo, para supervisar la tarea de un colaborador es preciso tener cierto conocimiento acerca de ella. Sin embargo, hay casos en los que esta condición no es aplicable, total o parcialmente, como cuando el rol de administrador consiste principalmente en facilitar e integrar las tareas de sus colaboradores; por ejemplo, el caso del líder de un proyecto interdisciplinario. Por otra parte, en cuanto al rol de administrador, en comparación con el rol de operador, aparecen otras competencias requeridas, porque no es lo mismo "hacer" que "hacer hacer". Y aquí suelen ser rele2 - pág. 51 vantes la inteligencia analítica, el rasgo de personalidad denominado "escrupulosidad" 21 - pág. 68 (inclinación por lo estructurado, la planificación anticipada, el orden, la eficiencia, etcétera), y otra faceta importante de la personalidad: la orientación al logro (en la empresa, a los resultados). M 21 - pág

Con el rol de arquitecto ocurre algo parecido a lo indicado en el párrafo precedente: por una parte, las competencias señaladas con relación al administrador también juegan para el arquitecto; por otra parte, adquiere gran relevancia la innovación, que implica llevar nuevas ideas al terreno de los hechos, a la aplicación práctica. La capacidad de innovación demanda no solo creatividad, sino también asumir cierto riesgo o apertura a la experiencia, optimismo y tenacidad en el propósito, aspectos que tienen que ver con los rasgos de personalidad. M 12 - pág M 21 - pág

Con relación al rol humano, además de los conocimientos y habilidades pertinentes, como ser la capacidad en materia de comunicación, merecen destacarse los valores morales (al menos en determinados contextos), ciertos rasgos de personalidad, especialmente la estabilidad emocional y la afabilidad, y la inteligencia emocional. M 23 - pág M 21 - pág M 19 - pág

Los párrafos precedentes disparan una pregunta muy importante: ¿cuál es la probabilidad de que una misma persona sea excelente en los cuatro roles? La experiencia en el mundo de las organizaciones y las investigaciones en el campo de la psicología indican que la probabilidad es muy baja. Este dato de la realidad significa que las organizaciones no deberían pretender que un gerente se destaque en todos los roles; que él puede merecer una evaluación excelente a pesar de sus limitaciones en uno o más roles, dependiendo de la importancia relativa de sus fortalezas y debilidades. Pero dicho dato gatilla una segunda pregunta: a pesar de tal probabilidad, ¿cómo puede lograrse la excelencia en la gerencia de la organización? La respuesta es obvia: por medio del trabajo en equipo, integrando las fortalezas de los distintos gerentes. Esta salida puede hacer pensar lo siguiente: basta con que cada gerente sea muy bueno en uno o algunos de los roles, porque el trabajo en equipo brinda la cobertura de los otros roles. Sin embargo, la integración necesaria para ello requiere algo más: cada gerente no solo debe ser muy bueno en uno o más roles, sino también poseer un mínimo de sintonía con los otros roles; de lo contrario el trabajo en equipo no es viable. M 64 - pág

En resumen, no se trata de sobresalir en todos los roles. Alcanza con hacerlo en uno o más roles, pero sí es indispensable tener un "aprobado" en el resto para permitir la integración que entraña el trabajo en equipo.

14

Atributos del líder – Comportamientos positivos

VENTAJA EN EL COMPORTAMIENTO
Mindware(*)
Desarrollo del entorno
Fitness(*) del comportamiento

En este módulo nos basamos en las ideas de Lee Newman –reconocido psicólogo estadounidense y decano de Innovación y Comportamiento en IE Business School–, expuestas en el libro de Stuart Crainer y Des Dearlove *Future thinkers*, de la colección "Thinker 50" (McGraw-Hill, 2014), que incluye el relato de una entrevista a Newman, que resumimos a continuación.

Newman sostiene el concepto de "ventaja en el comportamiento" (*behavioral advantage*), como un avance en comparación con el concepto de "ventaja competitiva". Postula que aquella ventaja, y no esta, es la más sustentable en el tiempo.

Para lograr la ventaja en el comportamiento las organizaciones deben emplear un "liderazgo positivo" (*positive leadership*), a fin de mejorar el desempeño individual y organizacional. Esta propuesta comprende tres elementos:

1. La capacitación en *mindware*, orientada a que los líderes comprendan el proceso de pensamiento y puedan pensar mejor.
2. El desarrollo de un entorno de trabajo que favorezca el desempeño de la gente.
3. La aplicación de lo que llama *fitness* del comportamiento (*behavioral fitness*).

El problema central a encarar es el compromiso de los miembros de la organización (*engagement*). Solo una minoría (típicamente 20 a 30 por ciento) de los empleados

5 - pág. 154

está completamente comprometida. Esta es una "enfermedad" cuya cura es la misión fundamental del liderazgo y la gerencia, que lamentablemente viene fracasando al respecto. La cuestión es entonces qué pueden hacer los gerentes y líderes para superar la situación. La respuesta es el liderazgo positivo.

En cuanto a la capacitación en *mindware*, el camino es repensar la manera en que

---

(*) En este texto preferimos mantener los términos originales en inglés porque son de uso generalizado en la comunicación en español y representan mejor los conceptos que se intenta expresar.

pensamos el trabajo, sobre la base de los aportes desarrollados por la psicología y la neurociencia.

El desarrollo del entorno de trabajo comprende tres aspectos:

- Cierta aplicación de los aportes de la psicología positiva que tratamos en el módulo 52 ("Factores – Interacciones positivas y negativas") del libro *Competencias, cambio y coaching* (Ediciones Granica, 2015; colección "Módulos de management"), en el sentido de que las interacciones positivas predominen sobre las negativas. Aquí es clave el rol del líder.
- Poner más énfasis en el aprovechamiento de las fortalezas y menos en la superación de las debilidades. Este es un tema que tratamos en el módulo 38 (*Competencias y talento*) de la obra citada en el párrafo precedente.
- Capacitar a los gerentes para que aprendan en concreto el concepto de "bienestar" (*well-being),* y cómo este se integra con el compromiso y el desempeño.

El *fitness* del comportamiento profundiza en el proceso de transferencia de la capacitación al trabajo que referimos en el módulo respectivo. Señala que en muchos casos se trata de un cambio de hábitos (aquí es relevante traer a colación el módulo 19, *Cambio – Modelo de Prochaska,* incluido en el citado libro *Competencias, cambio y coaching*). Se hace una analogía con la práctica en el gimnasio, que requiere continuidad para lograr el objetivo pertinente en lo físico. La idea es identificar los comportamientos a modificar o discontinuar y en qué momento suelen ocurrir, y entonces elaborar un plan de acción aplicable en el trabajo cotidiano, en todas las circunstancias que corresponda. En este orden son bien aplicables algunas estrategias de cambio que brinda la psicología. M 69 - pág

En dicho proceso, además del sujeto que se plantea el cambio, hay tres partes en juego:

- Quien ayuda al individuo en la elaboración del plan y en su seguimiento (esta es una función del coaching). M 51 - pá
- El gerente que debe proveer las condiciones que faciliten el cumplimiento del plan de acción.
- Otras personas, como los compañeros de trabajo, que pueden ejercer cierta influencia positiva, incluido el feedback adecuado.

Gran parte de lo escrito y de lo incluido en la capacitación acerca del liderazgo versa sobre qué es liderazgo y cómo debería ejercitarse (estilos de liderazgo, liderazgo situacional, etcétera), lo cual es útil, pero lo que falta es poder ejercitarlo efectivamente en la práctica (*being able)*. Y trata de los "momentos de la verdad" del líder.

Además, en el desarrollo del liderazgo positivo son aplicables muchas de las propuestas contenidas en la temática de inteligencia emocional. M 19 - pá

Atributos del líder – Confiabilidad

Sinceridad + Competencia + Compromiso + Cumplimiento de promesas: CONFIABILIDAD

Dentro de una organización, un líder es quien establece el rumbo que debe seguir el área que está bajo su responsabilidad. Para que las personas sigan ese rumbo, es necesario que ese líder les resulte confiable. Pocos colaboradores siguen a aquellos líderes en los que no confían; o, en caso se seguirlos, lo hacen a medias.

Alberto Sanjurjo, en su libro *Sentido del líder* (Ast, 2014), destaca cuatro elementos claves para que los líderes generen confianza en sus colaboradores:

1. *Sinceridad:* significa que el líder sea coherente en todo lo que dice y hace. Cuando el líder dice una cosa pero en la práctica hace otra, sus seguidores pierden adherencia a sus indicaciones. No lo siguen.

3 - pág. 54

2. *Competencia:* refiere a que el líder tenga las habilidades y el saber técnico requeridos para su responsabilidad. Si se le reconoce al líder un alto *know how*, tendrá ganado gran parte del terreno. La desconfianza sobre la competencia del líder también hace que la adherencia a sus indicaciones sea menor.
3. *Confiabilidad:* refiere a la capacidad de cumplir las promesas. Hacer lo que dijo que iba a hacer. El incumplimiento debilita el liderazgo. Un líder debe cumplir el 100% de sus promesas, no solo algunas o la mayoría; un incumplimiento quiebra la confianza.
4. *Involucramiento:* es la capacidad de accionar de una manera comprometida con lo que se hace. Es dar todo de sí en cada actividad, realizando las tareas ordinarias con la misma pasión con que lo haría si fueran extraordinarias. Un líder al que se lo ve poco comprometido genera cierta desconfianza y pierde adherencia.

Ser sincero, ser competente, cumplir las promesas y demostrar compromiso son, según el autor, cuatro claves o requisitos para que los líderes ejerzan influencia sobre sus colaboradores.

Por su parte, Stephen Covey en su libro *El Factor Confianza* (Paidós, 2011), identifica a la credibilidad personal como base de toda confianza. Señala cuatro focos para desarrollar la credibilidad:

1. Integridad: coherencia entre lo que se dice y lo que se hace.
2. Intenciones: la confianza surge cuando las intenciones están claras y significan un beneficio mutuo.
3. Capacidades: aptitudes que poseemos que inspiran confianza en los demás. Pueden ser talentos, destrezas y/o conocimientos.
4. Resultados: una trayectoria de éxito y un rendimiento positivo que denote la capacidad de alcanzar los objetivos hace que los colaboradores confíen en su líder.

Ambos autores ponen énfasis en ciertas cuestiones claves, con bastantes similitudes entre uno y otro. Covey va más allá e identifica además 13 comportamientos específicos que incrementan o disminuyen la confianza que despierta el líder:

Comportamiento	Implicancia
1. Hablar claro.	Dar toda la información, no distorsionar los hechos.
2. Demostrar respeto.	Preocuparse por los demás.
3. Crear transparencia.	No tener agendas ocultas.
4. Corregir errores.	Remediar al cometer un error.
5. Mostrar lealtad.	No hablar mal de los demás a sus espaldas. No relevar información que le han brindado en privado.
6. Presentar resultados.	Hacer lo que se debe. No evitar tareas.
7. Mejorar.	Ser un aprendiz constante, no considerarse por encima de las opiniones de los demás.
8. Afrontar la realidad.	No eludir los temas que de verdad importan. Sacarlos a la luz.
9. Clarificar expectativas.	No dar por sentado las expectativas de los demás, buscar explicitarlas y acordarlas.
10. Practicar la responsabilidad.	Responsabilizarse por los resultados, no poner excusas, no culpar a los demás.
11. Escuchar primero.	Entender. Diagnosticar. No asumir que tiene todas las respuestas. Preguntar.
12. Explicitar los compromisos.	Decir lo que va a hacer, y hacerlo.
13. Ampliar la confianza.	Mostrarse predispuesto a confiar; si el líder no confía, nadie confiará en él.

M 16 - pág

La ausencia de estos comportamientos erosionaría la confianza que el líder pudo haber obtenido a través de su integridad, intenciones, buenas capacidades y resultados exitosos.

16

Atributos del líder – Escucha

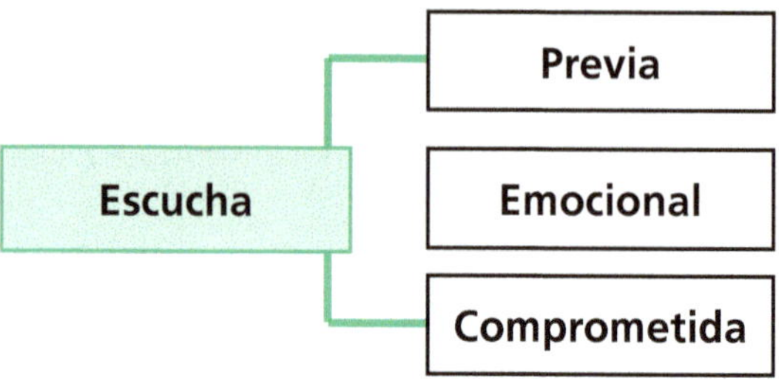

57 - pág. 158

Para poder influenciar, un líder debe primero escuchar a los demás. Conocer las opiniones y las ideas de los otros es un requisito previo a cualquier acto de influencia. Si alguien no escucha al otro, no podrá influenciarlo. Si el líder no es receptivo, sus colaboradores tampoco lo serán.

En las organizaciones existen líderes que escuchan y empatizan con los demás, y hay líderes a los que les cuesta mucho poder escuchar. Empatizar con otros es un paso adicional. Sin embargo, la escucha suele ser la puerta de entrada.

La escucha es una habilidad que el líder puede tener naturalmente o desarrollarla.

Ahora bien, ¿escuchan los líderes por lo general?, ¿son abiertos a las opiniones de los demás? Según M. Burley-Allen (HR Magazine, Alexandria, noviembre de 2001), una persona en una oficina utiliza en promedio un 40% de su tiempo en escuchar, con una eficacia para captar el verdadero mensaje de los demás de un 35%.

Señala que los líderes que menos captan los mensajes son aquellos que peor manejan su tiempo y sus prioridades.

Alberto Sanjurjo, en su libro *Sentido del Líder* (Autores Editores, 2014), diferencia tres tipos de escucha:

A. La *escucha previa:* es un tipo de escucha que parte de nuestros juicios y prejuicios acerca de nuestro interlocutor. Cuando trabajamos desde este tipo de escucha, automáticamente filtramos el contenido de acuerdo al color del lente que tenemos en el momento. Así, de la totalidad del mensaje transmitido por el otro, se pondrá más atención a algunos fragmentos relacionados con nuestro juicio o prejuicio.

B. La *escucha emocional:* es un tipo de escucha centrada en las emociones del otro, sin juzgar, reconociéndolas y validándolas.

C. La *escucha comprometida:* está centrada en el compromiso que trae el interlocutor al hablar; para qué dice lo que dice.

Identificar la primera y desarrollar las otras dos favorece una escucha efectiva.

Ahora bien, en cuanto al nivel de dificultad para el desarrollo de la escucha, según estudios de Michael Lombardo y Robert Eichinger (2005), la escucha es más fácil de desarrollar que muchas otras competencias; por ejemplo, que el manejo de la ambigüedad. La escucha se encuentra en el grupo (*cluster*) de competencias que pueden ser desarrolladas con un nivel de dificultad bajo.

En el libro FYI *(For your Improvement- Spanish First Printing, 2005)* los mismos autores sugieren pautas para el desarrollo de la escucha, y entre ellas se destacan:

- Hacer un autodiagnóstico honesto sobre su capacidad de escucha. ¿Cuánto escucha?, ¿en qué momentos?, ¿a quiénes sí, a quiénes no?, etc.
- Demuéstrele al otro que lo está escuchando; mírelo a los ojos, haga preguntas, tome notas.
- No interrumpa a su interlocutor hasta que haya terminado de expresar lo que quería decir.
- Reflexione sobre su escucha selectiva; ¿a quién escucha poco?, ¿sobre qué temas escucha menos?, ¿en qué situaciones no escucha?, etc.
- Ayude a sus reportes que tienen problemas de comunicación (falta de síntesis, por ejemplo) por los cuales usted disminuye su escucha.
- Gestione el impacto que tiene sobre usted la información negativa. El impacto emocional puede hacer que deje de escuchar.
- Practique en detectar el mensaje de los demás a través de su lenguaje corporal. Empiece a prestar atención a este canal y desarrolle la habilidad de interpretación de los gestos.

Sin embargo, la práctica de todas estas pautas sugeridas depende de la voluntad de hacerlo. Alberto Sanjurjo enumera los siguientes obstáculos que suelen afrontar los líderes para poder llevar a cabo una escucha activa:

1. La tendencia a Interrumpir, generada por:
   a. La impaciencia.
   b. La idea de tener que dar respuesta.
2. La falta de interés real por lo que dice el otro.
3. La corporalidad, que puede significar desinterés; escuchar exige al menos contacto visual.
4. Los prejuicios negativos que puede tener sobre su interlocutor.

En el mismo libro, Sanjurjo advierte que lo importante es captar las ideas, los verdaderos mensajes. Manifiesta que solo el 7% de lo que escuchamos tiene que ver con las palabras pronunciadas, el 93% restante proviene de las formas en las que nuestro interlocutor comunica.

Hay investigaciones que afirman que los colaboradores que se sienten realmente escuchados hablan más, alargan sus discursos y brindan más detalles e ideas.

17

Atributos del líder – Influencia con el ejemplo

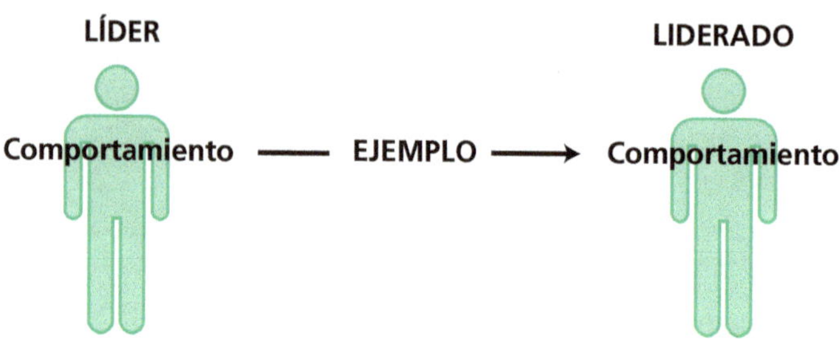

2 - pág. 51 En el módulo ATRIBUTOS DEL LÍDER – CARACTERÍSTICAS PERSONALES señalamos las condiciones que, en general, favorecen el ejercicio de un liderazgo exitoso. En este módulo queremos resaltar la importancia de que un líder predique con el ejemplo, a partir de su propio comportamiento.

3 - pág. 31 Hemos dicho que el liderazgo es el proceso por el cual una persona influye en otras para que se encaminen hacia el logro de objetivos comunes. Esto implica que el liderado adopte determinados comportamientos. Para ello es importante lo que el líder diga, pero suele ser aún más importante lo que el líder haga; por ejemplo, si el líder pretende que el liderado cumpla con ciertas normas, es conveniente que él mismo cumpla esa normativa. Este fenómeno se aplica en muchos órdenes de la vida; por ejemplo, en la educación de los hijos.

En el libro *Future Thinkers*, de Stuart Crainer y Des Dearlove (McGraw-Hill, 2014; de la colección "Thinkers 50"), en el Capítulo 2, *The reinvention of leadership*, los autores relatan una entrevista a Sean Fitzpatrick, una leyenda del rugby internacional, que fue capitán de los All Blacks y jugó 96 partidos internacionales desde 1986 a 1998. La obra cita las palabras de Fitzpatrick que traducimos a continuación: "... El consejo fundamental que me dieron cuando fui capitán por primera vez fue liderar por medio del ejemplo. Cuando pienso acerca de los grandes líderes que he conocido a través de los años y la gente que me ha dirigido, los que he admirado son aquellos que realmente cumplieron con su labor: fueron al frente y lideraron con el ejemplo. De manera que, para mí, esta es la clave. Otra cosa que aprendí muy pronto fue que uno no necesariamente tiene que gustar a los demás, pero sí es necesario que te respeten, ¿y cómo te ganas el respeto?: liderando por medio del ejemplo. Este liderazgo es un ingrediente esencial en las organizaciones exitosas".

Atributos del líder – Inspirador

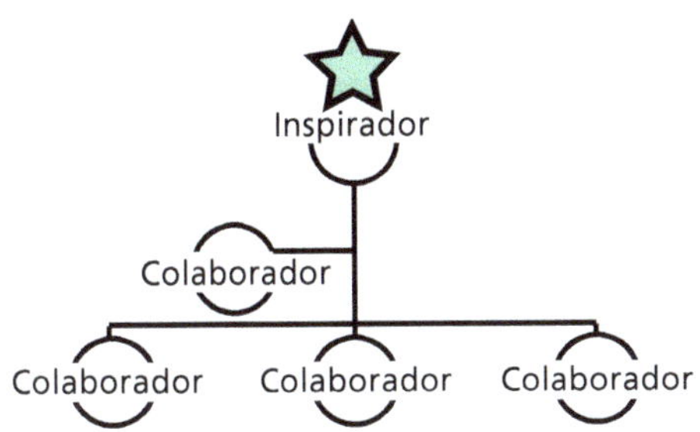

En un estudio reciente sobre satisfacción en el trabajo (Mindy Fox, *Mercer Senior Partner*) se encontró que el 50% de los 2.400 empleados de Estados Unidos que participaron de la investigación no estaban felices en sus trabajos, y que el 32% estaba considerando dejar la organización a la que pertenecían.

Las organizaciones, en pos de retener a su talento, han desarrollado en los últimos años una gran diversidad de paquetes de beneficios. Sin embargo, las encuestas demuestran que lo que más determina el nivel de satisfacción es la *sensación de propósito* que puede tener y desarrollar cada persona para con su trabajo. El para qué se trabaja, con qué propósito.

La sensación de propósito del colaborador muchas veces es genuina y viene con él. Otras veces, son los propios líderes quienes deben desarrollarla e inspirarla en sus colaboradores.

Richard Branson, en su artículo "The One Skill Leaders Need to Learn", de *Forbes*, identifica siete aspectos comunes en los líderes que mejor inspiran:

1. *Contagian su entusiasmo.*
   Los líderes que inspiran son aquellos que se inspiran a sí mismos, y que logran contagiar a los demás con su propio entusiasmo y sus ganas de hacer lo necesario para lograr los objetivos. En definitiva, es difícil inspirar a otros si uno mismo no disfruta de lo que hace.

2. *Comunican bien la visión.*
   Es necesario que los líderes definan, comuniquen y articulen a los equipos alrededor de una visión que es clara, de peso y consistente. El qué queremos lograr debe estar muy claro, y también cómo cada uno contribuye al logro perseguido.

3. *Venden los beneficios de alcanzarla.*
   Para inspirar a los demás, deben ver con claridad qué puede cada uno ganar si logra dicha visión. Oportunidades de desarrollo, aprendizaje, crecimiento,

pertenecer a compañías exitosas, logros económicos, son algunos ejemplos claros.

4. *Explicitan el impacto que tendrá lograr dicha visión en el mundo.*
   Las organizaciones modernas, en pos de contribuir al compromiso de las personas con los objetivos organizacionales, definen ya en su visión organizacional el propósito de impacto que tiene la empresa para con la comunidad.

0 - pág. 167

5. *Invitan a la participación en los procesos decisorios.*
   La posibilidad de que los colaboradores participen del proceso decisorio, de la ideación y de la ejecución del plan que dará lugar al crecimiento de la compañía genera inspiración y compromiso.

4 - pág. 56

6. *Refuerzan el optimismo.*
   Los líderes más inspiradores son más optimistas que el promedio. Creen que se pueden lograr los objetivos. Su energía positiva contagia.

7. *Despliegan el potencial.*
   Logran sacar lo mejor de las personas, hacen que los demás puedan desplegar todas las habilidades que tienen en potencia.

Jack Zenger y Joseph Folkman publicaron en el año 2013, en la revista *Harvard Business Review*, un estudio llevado a cabo por la firma IBM. En él, preguntaron a 1.700 CEOs de 64 países cuáles eran las tres principales características que esperaban de sus líderes. Una de ellas fue la capacidad de inspirar a otros.

9 - pág. 65

A la vez, analizaron a los líderes que mejor puntuaron en esa competencia en su *data base*. Examinaron 1.000 casos. Lo que encontraron en común fue que ellos efectivamente realizaban bien muchas de las acciones descriptas en el estudio anterior: definir metas, comunicarlas claramente, etc. Lo diferencial que hallaron es que dichos líderes inspiraban gracias a que desarrollaban una conexión emocional con sus colaboradores.

Es clave desarrollar una conexión emocional positiva con las personas a las cuales uno debe inspirar. Si esa conexión emocional no existe, es imposible que el colaborador se vea inspirado por el líder. No es necesario aclarar qué pasa cuando la relación con el líder que debe inspirar es mala.

Una conexión emocional no significa tener una relación de amistad. Significa que el líder debe llegar a impactar sistemática y positivamente en las emociones de los demás.

Cierta conexión emocional positiva es condición para que luego el líder pueda contagiar entusiasmo, comunicar con éxito y sacar lo mejor de otros.

Atributos del líder – Inteligencia emocional

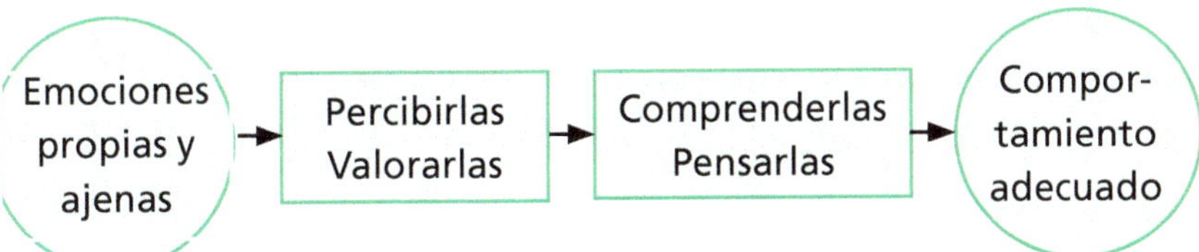

En *Competencias, cambio y coaching*, de la colección "Módulos de management" (Ediciones Granica, 2015), en los módulos 61 y 62 tratamos la inteligencia emocional. En el módulo 61 sentamos que la inteligencia emocional de una persona entraña que, ante las emociones propias y ajenas, ella es capaz de:

- percibirlas y valorarlas,
- comprenderlas y emplearlas para enriquecer su pensamiento,
- y adecuar consecuentemente su comportamiento.

A su vez, en el módulo 62 destacamos la obra de Daniel Goleman, que ha escrito muchos libros sobre el tema. De estos, en relación con el liderazgo merecen destacarse dos obras recientes:

- *Liderazgo – El poder de la inteligencia emocional* (Ediciones B, 2013).
- *Cómo ser un líder* (Ediciones B, 2015).

En esta segunda obra Goleman destaca la importancia de la inteligencia emocional como factor fundamental del liderazgo. A continuación trascribimos ciertos párrafos que son bien ilustrativos al respecto.

> *He descubierto que los líderes más efectivos se parecen en un elemento crucial: todos ellos poseen un alto grado de lo que ha venido en llamarse inteligencia emocional.*
>
> *No es que el CI y las capacidades técnicas sean irrelevantes. Importan, pero principalmente como "competencias de umbral", es decir, son requerimientos de acceso a los puestos ejecutivos. Pero mi investigación, junto a otros estudios recientes, sugiere que la inteligencia emocional es el* sine qua non *del liderazgo. Sin ella, una persona puede tener el mejor entrenamiento del mundo, una mente incisiva y analítica, y una provisión interminable de buenas ideas, pero aun así no será un gran líder. (…)*

Mientras escribía La práctica de la inteligencia emocional, *analicé modelos de competencias de 188 empresas, la mayoría de las cuales eran grandes e incluso multinacionales, así como de agencias gubernamentales. Al llevar a cabo esa tarea, mi objetivo era determinar qué capacidades personales producían un rendimiento sobresaliente dentro de esas organizaciones, y hasta qué punto lo producían. Agrupé las capacidades en tres categorías: destrezas puramente técnicas, como la contabilidad y la planificación de negocio; destrezas cognitivas, como el razonamiento analítico; y competencias que demostrasen una inteligencia emocional, como la capacidad de trabajar con otros y la efectividad en el cambio de liderazgo. (...)*

Cuando analicé toda esa información me topé con unos resultados espectaculares. Desde luego, el intelecto era un motor del buen rendimiento. Destrezas cognitivas como el pensamiento panorámico o una visión a largo plazo resultaban particularmente importantes. Pero cuando calculé la ratio de las destrezas técnicas y el CI frente a la inteligencia emocional como ingredientes de un rendimiento excelente, la inteligencia emocional demostró ser el doble de relevante que los otros dos ingredientes en trabajos de cualquier nivel. Además, mi análisis demostró que la inteligencia emocional jugaba un papel de creciente importancia en los puestos más altos de la empresa, en los que las diferencias en cuanto a las destrezas técnicas tenían una importancia insignificante.

Atributos del líder – Nivel 5

Nivel	Título	Rol principal
5	Ejecutivo de nivel 5	Construye grandeza durable mediante una paradójica combinación de humildad personal y voluntad profesional.
4	Líder eficiente	Cristaliza el compromiso para buscar vigorosamente una visión clara y obligante, y fomenta las más altas normas de rendimiento.
3	Gerente competente	Organiza al personal y los recursos en busca eficiente de objetivos predeterminados.
2	Miembro de un equipo	Contribuye con sus capacidades para alcanzar los objetivos del grupo y trabaja eficientemente en él.
1	Individuo de gran capacidad	Hace un aporte productivo en virtud de su talento, conocimiento, destrezas y buenos hábitos de trabajo.

Jim Collins, en su libro *Empresas que sobresalen* (Norma, 2002), vuelca los resultados de un trabajo de investigación liderado por él, acerca de compañías que dieron el salto a grandes resultados y los sostuvieron por lo menos durante 15 años, en comparación con otras compañías que no alcanzaron este tipo de mejoras en sus resultados. La pregunta disparadora fue: *¿Qué distinguía a unas de las otras*?

Uno de los factores distintivos que surgieron del trabajo de investigación fue el estilo de liderazgo. En este orden, la conducción de las compañías sobresalientes puso de relieve cierto liderazgo que Collins denominó de nivel 5, que es el máximo en una escala que se refleja en el gráfico inicial. Los atributos fundamentales del nivel 5, y diferenciales de los otros cuatro niveles, son *humildad personal y voluntad profesional.*

En el Capítulo 2 del libro citado se indica que los líderes del nivel 5:

- Están fuertemente orientados a resultados. Son ambiciosos, pero integran su ambición con los intereses de la organización a la cual pertenecen.
- Son modestos. Atribuyen sus éxitos en gran parte a la buena suerte. Reconocen sus errores, así como también los éxitos de los demás.
- Se rodean de gente capaz, incluyendo los miembros del consejo directivo. Saben escoger a sus sucesores.

Por último, transcribimos un párrafo de ese mismo capítulo:

> *Los líderes que son grandes celebridades y vienen de fuera de la compañía se correlacionan negativamente con pasar de lo bueno a lo sobresaliente. De los 11 líderes de empresas sobresalientes, 10 provenían de las filas de la misma compañía, mientras que las compañías de comparación apelaron a líderes de fuera, seis veces más frecuentemente.*

Atributos del líder – Personalidad

El diccionario de la Real Academia Española define la personalidad (primera acepción) como la diferencia individual que constituye a cada persona y la distingue de otra. Comprende las características del individuo, relativamente estables y duraderas en el tiempo, y que se manifiestan en múltiples situaciones. Se trata de su manera de pensar, de sentir y de actuar; o sea, de su forma de ser.

La personalidad es un factor importante del comportamiento, además de otros factores personales y del contexto. El ejercicio del liderazgo pertenece al campo del comportamiento. Por lo tanto, la personalidad influye significativamente sobre el liderazgo. En *Competencias, cambio y coaching* de la colección "Módulos de management" (Ediciones Granica, 2015), en los módulos 75 a 83 tratamos múltiples aspectos de la personalidad que son aplicables, en mayor o menor grado, al liderazgo.

Los estudiosos de la personalidad han señalado tres elementos componentes: los rasgos, los motivos y el autoconcepto, que tratamos a continuación.

Los rasgos

Cada rasgo de personalidad puede definirse como una tendencia distintiva a comportarse de cierta manera, tendencia que es consistente en el tiempo y ante distintas situaciones. En otras palabras, es la inclinación estructural a repetir patrones de conducta, más allá de los condicionamientos situacionales. Por ejemplo, si alguien se emociona a raíz de un acontecimiento muy conmovedor, este hecho por sí solo no justifica inferir que se trata de una persona emotiva. Sin embargo, si se emociona intensamente, con suma facilidad, en repetidas ocasiones y frente a sucesos disímiles, entonces sí cabe interpretar que posee tal rasgo.

El concepto de rasgo es distinto del comportamiento puntual de un sujeto en una situación dada. Una persona puede adoptar cierto comportamiento a raíz de las circunstancias, sin que ello refleje un rasgo de su personalidad; y viceversa, puede poseer un rasgo definido, pero en diversas ocasiones adoptar distintos comportamientos que no responden a ese rasgo. El comportamiento de una persona depende no solo de sus rasgos de personalidad, sino también de otros factores internos (conocimientos, valores y creencias, inteligencia, estado de ánimo, etcétera) y externos (el contexto).

El reconocimiento de los rasgos invita a la agrupación de aquellas personas que en líneas generales manifiestan tendencias comunes, sin negar, en absoluto, que cada individuo es diferente de otro. Se han desarrollado múltiples modelos de clasificación de personas en función de sus rasgos. Sin embargo, todos los modelos comprenden ciertas dimensiones que caracterizan a la persona. Cada dimensión se puede presentar de dos maneras: como un continuo de una propiedad que refleja sus distintos grados, o como un par de arquetipos opuestos. Por ejemplo, si la propiedad es *extraversión*, la persona es ubicable en un rango que va desde puntaje muy alto a puntaje muy bajo; o bien se parte de la distinción entre extravertido e intravertido, en donde también cabe medir la intensidad de cualquiera de los dos arquetipos opuestos. En sustancia, ambas maneras son similares, porque el puntaje bajo en el esquema del continuo viene a significar el opuesto respectivo. Por ejemplo, un puntaje bajo en el continuo de extraversión implica introversión.

Ya sea por la alternativa entre puntaje alto y bajo o por el planteo de los arquetipos opuestos, cada dimensión entraña dos *clusters* a los que se les asignan múltiples características. Por ejemplo, en el campo de la extraversión: orientado al mundo exterior, sociable, expresivo, etc.; y en el campo de la introversión: orientado al mundo interior, reservado, reflexivo, etc. Sin embargo, una persona no necesariamente posee todas las características correspondientes al *cluster* con el cual se lo identifica; por ejemplo, un introvertido puede ser una persona poco sociable, pero cuando está con gente ser expresiva. Cuanto más se den en la persona las características de un mismo *cluster* significa que su rasgo es más marcado.

M 32 - pág

Muchas de las características que componen un *cluster* no implican, en términos generales, algo positivo o negativo, ni mejor ni peor. Claro está que ciertas características son más favorables que otras para determinadas tareas o situaciones. Y también que características positivas empleadas indebidamente en circunstancias particulares pueden resultar negativas. Aquí cabe la expresión de que "la mayoría de nuestros defectos son exageraciones de nuestras virtudes". Todos los rasgos tienen sus fortalezas y debilidades, sus ventajas y desventajas, o riesgos. Lo inteligente es aprovechar las fortalezas y minimizar el efecto negativo de las debilidades. De lo antedicho se desprende que el mayor beneficio de comprender los rasgos personales no es apresurar juicios de valor, sino darnos cuenta de que somos diferentes y que poseemos capacidades distintas, aceptándonos positivamente a nosotros mismos y aceptando a los demás.

M 26 - pág

Por último, es fundamental resaltar que los modelos de rasgos personales, como todos aquellos que intentan reflejar una realidad compleja, no son la realidad; solo constituyen una aproximación simplificada que ayuda a entenderla y a dialogar acerca de ella.

El modelo de rasgos que consideramos más abarcativo es el denominado de los "cinco grandes factores", que analizamos en el módulo 78 de *Competencias, cambio y coaching* de la colección "Módulos de management" (Ediciones Granica, 2015). Este modelo, que resulta de cierto consenso de los teóricos del rasgo, propone las siguientes dimensiones o categorías de rasgos de personalidad:

1. Estabilidad emocional (lo opuesto a neuroticismo).
2. Extraversión.
3. Apertura a la experiencia.
4. Afabilidad.
5. Escrupulosidad o conciencia.

Cada dimensión constituye un continuo de una propiedad, en donde la persona es ubicable en un rango que va desde puntaje muy alto a puntaje muy bajo. En el Anexo I se indican las características de puntaje alto y puntaje bajo de cada dimensión.

De dichas dimensiones, está claro que un puntaje alto en estabilidad emocional, apertura a la experiencia, afabilidad y escrupulosidad o conciencia constituyen, en principio, condiciones favorables para el ejercicio del liderazgo.

En cuanto a extraversión podría pensarse lo mismo. Sin embargo, la introversión implica cualidades diferenciales que pueden ser positivas para el ejercicio del liderazgo.
2 - pág. 100 En este sentido nos remitimos al módulo ESTILOS - LÍDERES INTROVERTIDOS.

A continuación incursionaremos en ciertas características específicas que componen cada uno de los diez *clusters* del modelo referido: dos (uno de puntaje alto y otro de puntaje bajo) por cinco dimensiones. En el caso de puntaje alto, determinadas fortalezas pueden tornarse en debilidades en el ejercicio del liderazgo. Por ejemplo:

3 - pág. 63
- En estabilidad emocional, una persona mesurada puede resultar no inspiradora.
- En extraversión, una persona asertiva puede hablar demasiado, no escuchar, ser dominante.
- En apertura a la experiencia, un innovador puede convertirse en un "incendiario", en el sentido de poner en marcha demasiados proyectos.
- En afabilidad, una persona que tiene mucha consideración con los demás puede evitar conflictos que debería afrontar.
- En escrupulosidad, una persona meticulosa puede resultar obsesiva o rígida.

Por otra parte, características pertenecientes a los *clusters* de puntaje bajo también pueden representar fortalezas que se tornan en debilidades en el ejercicio del liderazgo. Por ejemplo:

- En estabilidad emocional, una persona emotiva puede tener reacciones exageradas.

- En la dimensión de extraversión, en donde el puntaje bajo implica introversión, el abuso de esta puede crear incomunicación con los demás.
- En apertura a la experiencia, el realismo puede significar resistencia al cambio.
- En afabilidad, una persona competitiva puede tener comportamientos no cooperativos con sus compañeros.
- En escrupulosidad, una persona relajada puede caer en el descuido de sus responsabilidades.

Los trastornos de personalidad aparecen cuando los rasgos son inflexibles, no se adaptan adecuadamente y provocan importantes deterioros funcionales o un sufrimiento subjetivo. La psicología estudia dichos trastornos y dispone de terapias para superarlos. Ciertos autores hablan de "neurosis" para referirse a determinados trastornos de la personalidad. En el módulo 81 (*Personalidad - Neurosis según Ketz de Vries*) incluido en la obra citada *Competencias, cambio y coaching,* hacemos referencia a un libro de dicho autor, *La organización neurótica* (Apóstrofe, 1993), que distingue cinco clases de neurosis: paranoide, compulsiva, dramática, depresiva y esquizoide. La tesis central es que líderes neuróticos generan organizaciones neuróticas, lo cual da lugar a cinco prototipos de organización, en línea con dichas clases de neurosis. El libro analiza cada uno de estos prototipos.

Los motivos

Los motivos representan la finalidad de la conducta; explican el porqué del comportamiento. Al respecto, cabe distinguir:

- Cierta inclinación general de cada persona a que un factor la motive más que otro. Por ejemplo, David C. McClelland demostró en sus valiosos trabajos de investigación que hay personas más motivadas por el poder, otras por el logro y otras por la afiliación. Las personas más motivadas por el poder se dirigen a influir, dominar y controlar recursos y personas. Las personas más motivadas por el logro se fijan metas ambiciosas y hacen lo posible por alcanzarlas o superarlas. Las personas más motivadas por la afiliación valoran las relaciones interpersonales afectuosas, el sentido de pertenencia al grupo y el trabajo en equipo. M 64 - pág
- La motivación específica que tiene una persona en un momento determinado M 58 - pág debido a sus condiciones circunstanciales o a influencias del contexto. Por ejemplo, un empleado está muy motivado para realizar una tarea a causa del premio prometido.

En cuanto a los motivos del líder, la afiliación constituye un atributo que favorece el acercamiento del líder a sus liderados. Pero, por otra parte, se observa que muchos líderes exitosos están muy motivados por el poder o por el logro. Dentro de los mo- M 61 - pág tivados por el poder, cabe distinguir dos tipos de líderes: los que encaran el poder como un medio para alcanzar objetivos más trascendentes, y los que buscan el poder mismo.

Los segundos, si bien pueden ser eficaces en una primera etapa, a la larga suelen tener problemas.

El autoconcepto

El autoconcepto comprende las ideas que uno tiene acerca de sí mismo, algunas de las cuales son más conscientes que otras y abarcan distintos aspectos del ser (competencia, integridad, etcétera). La capacidad para reflexionar sobre uno mismo (autoconciencia) en la faz privada contribuye a conocer con más claridad dicho concepto. Su resultado es la autoestima (dimensión afectiva). Ambas cosas, autoconcepto y autoestima, determinan en gran medida el desempeño del individuo, lo cual constituye la faz pública del concepto. Es evidente que un autoconcepto positivo y realista favorece el liderazgo.

ANEXO

PERSONALIDAD – CINCO GRANDES FACTORES*

Características de puntaje alto[1]	Escalas de rasgos	Características de puntaje bajo
Preocupado, nervioso, emotivo, inseguro, deficiente, hipocondriaco.	NEUROTICISMO (N)[2]: Evalúa la estabilidad *vs.* la inestabilidad emocional. Identifica a los individuos propensos a sufrimiento psicológico, ideas no realistas, antojos o urgencias excesivas y respuestas de afrontamiento no adaptativas.	Calmado, relajado, no emotivo, fuerte, seguro, presumido.
Sociable, activo, hablador, brillante, optimista, amante de la diversión, afectuoso.	EXTRAVERSIÓN (E): Evalúa la cantidad y la intensidad de la interacción entre personas; el nivel de actividad; la necesidad de estímulos, y la capacidad de disfrutar.	Reservado, sobrio, no exuberante, retraído, dedicado al trabajo, tímido, tranquilo.
Curioso, con muchos intereses, creativo, original, imaginativo, no tradicional.	ABIERTO A LA EXPERIENCIA (O): Evalúa la búsqueda y valoración activas de la experiencia por sí mismo; tolerancia y exploración de lo desconocido.	Convencional, realista, con pocos intereses, no artístico, no analítico.
Bondadoso, generoso, confiado, servicial, indulgente, crédulo, sincero.	AFABILIDAD (A): Evalúa la cualidad de la propia orientación interpersonal a lo largo de un continuo desde la compasión a la rivalidad en pensamiento, sentimientos y acciones.	Cínico, grosero, suspicaz, no cooperativo, vengativo, manipulador, irritable.
Organizado, digno de confianza, trabajador, autodisciplinado, puntual, escrupuloso, limpio, ambicioso, perseverante.	CONSCIENTE (C): Evalúa el grado de organización del individuo, la perseverancia y la motivación en la conducta dirigida a un objetivo. Compara la gente responsable y exigente con aquellos que son distraídos y descuidados.	Sin propósitos, no confiable, perezoso, descuidado, relajado, de voluntad débil, hedonista.

---

* Extraído del libro de Lawrence Pervin *La ciencia de la personalidad* (McGraw-Hill, 1998), Tabla 2.2.

1. Se trata de un "continuo" que para cada uno de los factores va de puntaje más bajo a puntaje más alto.
2. Como definición del mismo continuo, el concepto de neuroticismo es opuesto al de estabilidad emocional. Nótese que al optarse por el título neuroticismo se invierten las características de puntaje alto y bajo, en comparación con estabilidad emocional.

Atributos del líder – Resiliencia

Sabemos que las culturas orientales definen la crisis como: peligro + oportunidad. Entienden que, ante una crisis, las personas no deben limitarse a sobrepasarla, sino que deben desafiarse a crecer y a pararse del lado de la oportunidad que se presenta. Eso requiere de una capacidad denominada resiliencia.

En términos etimológicos, resiliencia tiene su raíz en el vocablo latino *resilio*, que significa volver atrás, rebotar o resaltar. El término fue aplicado para designar la propiedad de algunos metales de volver a su forma natural, luego de ser sometidos a cambios o situaciones de stress. En definitiva, "resilio" es la capacidad de algunos sistemas de mantener o volver a su organización básica –no destruirse– a pesar de las condiciones adversas a que las somete su entorno.

Los individuos resilientes se destacan por poseer un alto nivel de competencia en distintas áreas, ya sea intelectual, emocional, alta motivación de logro, autoestima positiva, sentimientos de esperanza, autonomía e independencia, entre otras.

El desarrollo de la resiliencia en las organizaciones tiene que ver con una capacidad emocional para no quebrarse ni sufrir efectos negativos por los golpes diarios que genera el trabajo.

En la mayoría de los estudios sobre resiliencia podemos encontrar estas características, atribuidas a las personas y a los equipos resilientes:

- Aceptación y gusto por el cambio.
- Esperanza y sentido de propósito.
- Elevada autoestima y autoeficacia.
- Orientación al aprendizaje.
- Protagonismo.
- Sentido del humor.

- Equilibrio emocional (inteligencia emocional). M 19 - pág
- Apoyo interno y externo.

La habilidad para afrontar y salir fortalecido ante la adversidad, como comentamos antes, no siempre es innata. Está muy relacionada con la forma en que afrontamos los desafíos y el desarrollo de las capacidades anteriormente comentadas. Ahora bien, ¿cómo se desarrolla esta capacidad? La resiliencia se desarrolla desde niños y depende de una serie de factores. Entre los más importantes se encuentra la red de contención con que uno cuenta al hacer frente a las dificultades. A mayor red, mayor desarrollo de resiliencia. Hay muchas investigaciones en niños al respecto.

Diversos autores coinciden en sugerir claves para el desarrollo de esta competencia, entre las cuales se encuentran:

- Cultivar relaciones.
- Desarrollar pensamientos constructivos: mirar el problema en perspectiva, ver la oportunidad, etc.
- Aceptar la realidad.
- Actuar: hacer lo que de uno depende.
- Desarrollar la autoconfianza para abordar las dificultades.
- Cuidarse física y psicológicamente.

Al Siebert, PhD, autor del libro *The Survivor Personality*, profundiza lo anterior. Describe cinco niveles de resiliencia y sostiene que se van desarrollando sucesivamente; es decir, cada nivel hace de base y sustento al siguiente. Dichos niveles son:

A. Aprender a optimizar la salud, la estabilidad y el bienestar.

B. Foco externo: desarrollar la capacidad de resolver problemas en forma independiente.

C. Foco interno: desarrollar la autoestima y la autoconfianza.

D. Desarrollar las habilidades de recuperación ante la adversidad.

E. Desarrollar la capacidad para descubrir las oportunidades de crecimiento ante las adversidades.

De esta manera, por ejemplo, no se puede resolver los problemas sin estabilidad, no se puede desarrollar la autoconfianza sin la capacidad de resolver problemas. A, B y C son requisitos de D (resiliencia propiamente dicha). Ver la oportunidad en la adversidad (E) es un paso más allá.

Adquirir estos cinco niveles de resiliencia es lo que nos transformará en personas altamente resilientes y capaces de afrontar cualquier adversidad por dura y terrible que sea. Es absolutamente necesario que el líder pueda enfrentar y gestionar las crisis con resiliencia, encontrar oportunidades en las dificultades, sin resquebrajarse emocionalmente en el intento.

23

Atributos del líder – Valores personales

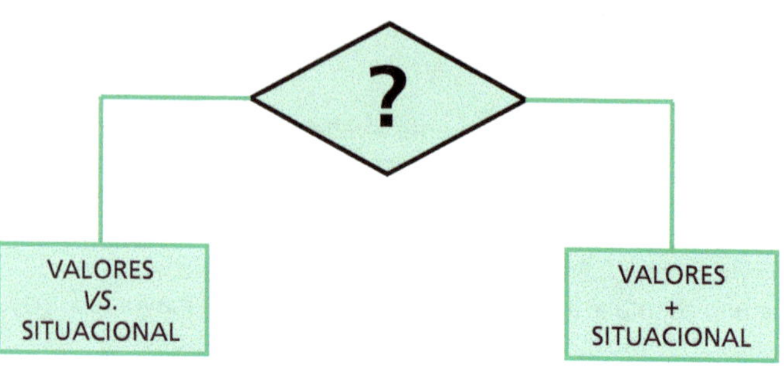

4 - pág. 130 Algunos autores reprueban el liderazgo situacional porque consideran que atenta contra ciertos valores, dando por sentado que uno de los valores fundamentales es la 0 - pág. 167 propia participación. Esos autores propugnan lo que llamamos un modelo "idealista-8 - pág. 42 normativo", que plantea la siguiente disyuntiva:

- Liderazgo apropiado, no situacional, basado en un conjunto de valores.
- Liderazgo situacional, no apropiado, porque no respeta tales valores.

Por ejemplo, James O'Toole en su libro *Liderazgo del cambio* (Prentice Hall, 1996) recomienda un liderazgo basado en valores y examina críticamente como única alternativa al "todo depende", que identifica con un relativismo presentado casi como sinónimo de nihilismo. Dicho autor sostiene que *el error del relativismo consiste en afirmar que no existe ningún conocimiento social objetivo y, peor aún, que siempre está mal emitir juicios morales*.

Semejante maniqueísmo pasa por alto una tercera alternativa, completamente apropiada, de un liderazgo basado en ciertos valores (en esto estamos de acuerdo), cuya debida aplicación es precisamente situacional, sin perjuicio de los valores tomados como base. Lo antedicho significa que la participación puede considerarse un valor, pero no de la jerarquía de otros valores como el asumir la responsabilidad (hacerse cargo), la honestidad, el respeto humano, etcétera.

Se argumenta que el enfoque situacional constituye una invitación o excusa para un comportamiento directivo negativo. Aceptamos esta posibilidad. Sin embargo, ello no amerita ignorar la realidad: que no necesariamente un comportamiento participativo es positivo. Una analogía: reconocer que la policía debe recurrir a la fuerza en ciertas circunstancias implica el riesgo de que la policía abuse del uso de la fuerza. Pero este riesgo no justifica sostener que la policía debe abstenerse de emplear la fuerza en todo tipo de circunstancias.

Otro aspecto a considerar acerca de la relación entre los valores y el liderazgo es el al-M 56 - pág. 156 cance de la gestión por objetivos (GxO). Para una buena gerencia es clave lograr un justo equilibrio entre los objetivos específicos (en los términos que establece la GxO) y los valores. Por ejemplo, es necesario que estén claros los objetivos cuantitativos de un sector de la organización, a fin de promover y controlar debidamente su eficacia y eficiencia. Pero es posible que tal sector, en aras de lograr dichos objetivos, sacrifique valores que son importantes para la organización, o incluso para el propio sector. Tal es el caso de los logros de un sector a expensas de la falta de colaboración con otro sector, o de la motivación de la gente, etcétera. En consecuencia, la organización debe privilegiar también valores tales como espíritu de colaboración, cuidado de la gente, etcétera, a fin de evitar tales desequilibrios. Es evidente que el desarrollo de los valores depende mucho del liderazgo de la gerencia, incluyendo su prédica con el ejemplo. Lo antedicho está en línea con la propuesta de Robert Simons, que comentamos en el módulo sobre EMPOWERMENT Y LIDERAZGO.

M 54 - pág

24

Estilos – Análisis comparativo de modelos

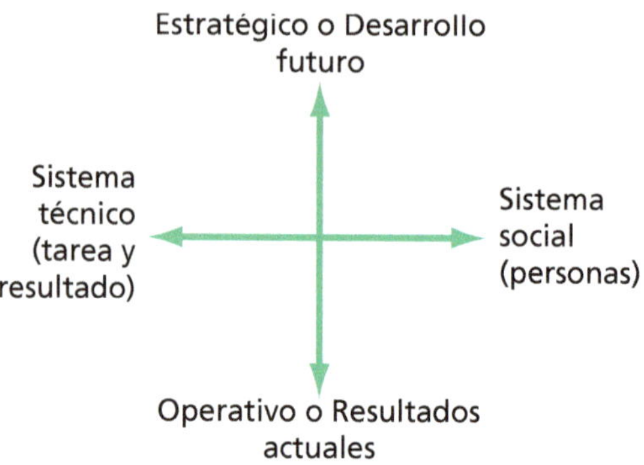

Existe cierta correlación entre los diversos modelos de estilos gerenciales/de liderazgo referidos en esta obra, correlación que analizamos en este módulo. Nos limitamos a las similitudes y diferencias más relevantes, sin entrar en mayores detalles. Partimos del modelo basado en los roles gerenciales, que consideramos el más abarcativo, lo cual nos sirve como marco de referencia con respecto a los demás modelos.

3 - pág. 103

Modelo basado en los roles gerenciales (MBRG)

El MBRG identifica dos dimensiones que plantean sendas alternativas en cuanto a la orientación del gerente/líder: RESULTADOS ACTUALES-DESARROLLO FUTURO y SISTEMA SOCIAL-SISTEMA TÉCNICO. Dentro de esta segunda dimensión analiza la trilogía DIRECTIVO-PARTICIPATIVO-DEFERENTE.

5 - pág. 108

Modelo de las 4 miradas del líder

Este modelo tiene bastante en común con el MBRG, más allá de las diferencias semánticas. Lo que aquel modelo denomina "ejes" y "miradas", el MBRG designa como "dimensiones" y "orientaciones", respectivamente. El eje TAREA-GENTE es análogo a la dimensión *sistema técnico-sistema social* del MBRG. Pero existe una diferencia significativa entre el eje ESTRATÉGICO-OPERATIVO y la dimensión *desarrollo futuro-resultados actuales* del MBRG (invirtiendo los términos a los fines de la comparación). La diferencia consiste en lo siguiente:

- La dimensión *resultados actuales-desarrollo futuro* se corresponde con la separación entre los roles de administrador y de arquitecto. Aquí la clave de la distinción es si se modifica o no la arquitectura, que comprende no solo la estrategia, sino también la estructura y los sistemas. En esta distinción se hace hincapié en la importancia que tiene la innovación en el rol de arquitecto y el desarrollo futuro.
- En el eje *estratégico-operativo* la clave de la distinción es si la mirada es interna (el entorno) o externa (la organización en sí). La primera corresponde a la estra-

tegia; la segunda incluye la estructura y los sistemas, además del resto de los elementos de la organización que en la terminología del modelo se caracteriza como lo "operativo". Vale decir que la estructura y los sistemas se ubican "del otro lado" de la estrategia. Sin embargo, no debemos perder de vista que las grandes cuestiones inherentes a estos dos elementos forman parte de las decisiones estratégicas, la cual reduce la diferencia entre un modelo y otro.

Modelo de Ron Warren

M 36 - pág

En este modelo los *drivers* (positivos) tienen correlación con la dimensión sistema social-sistema técnico del MBRG: EMPUJE Y MAESTRÍA EN LA TAREA se refiere al sistema técnico, mientras que INTELIGENCIA SOCIAL Y TRABAJO EN EQUIPO se refiere al sistema social.

Los *derailers* (negativos) DOMINANCIA y DEFERENCIA se identifican con dos de las tres inclinaciones de la trilogía *directivo-participativo-deferente*, analizada en el módulo sobre el MBRG; en tanto que *participativo* está incluido en *inteligencia* y *trabajo en equipo*.

Además, en el modelo de Ron Warren, dentro del campo de empuje y maestría en la tarea, el rasgo de INNOVACIÓN pertenece al *arquitecto* (MBRG) o a lo *estratégico*; en cambio, el rasgo de ESCRUPULOSIDAD suele ser una característica típica del *administrador* (MBRG) o de *lo operativo*.

Las dualidades según Kaplan y Kaiser

M 26 - pág

En este modelo la dualidad ESTRATÉGICO-OPERATIVO es similar al eje del mismo nombre del *modelo de las 4 miradas del líder*, que es comparable pero diferenciable de la dimensión *desarrollo futuro-resultados actuales* del MBRG, conforme señalamos precedentemente.

Dicha dualidad tiene bastante correlación con la distinción que se hace en el módulo ESTILO – ESTRATEGIA *VS.* ORIENTACIÓN A LA ACCIÓN. M 27 - pág

La dualidad AUTORITARIO-FACILITADOR está en línea con la distinción entre *directivo* y *participativo*.

El modelo de Deloitte

M 37 - pág

En cuanto a este modelo, existe cierta correlación, en mayor o menor grado:

- Entre el PIONERO y las orientaciones por el desarrollo futuro y el sistema social (MBRG).
- Entre el CONDUCTOR y las orientaciones por los resultados actuales y el sistema técnico (MBRG). Además, al conductor *(driver)* se le atribuye un estilo más bien directivo.
- Entre el INTEGRADOR y la orientación por el sistema social (MBRG). Dado que el

pionero también está orientado al sistema social y apunta al desarrollo futuro, cabe suponer que el integrador está más dirigido a la problemática actual.

- Entre el GUARDIÁN y las orientaciones por los resultados actuales y el sistema técnico (MBRG). Adicionalmente, la característica de deferencia puede darse en el guardián.

4 - pág. 106

Modelo de Goleman

En este modelo:

- VISIONARIO es un atributo del arquitecto (MBRG) o de lo estratégico.
- ENTRENADOR, ASOCIATIVO Y DEMOCRÁTICO constituyen diversos aspectos de la orientación por el sistema social (MBRG).
- QUE MARCA LA PAUTA tiene más que ver con el sistema técnico y también con el estilo directivo (MBRG).
- COERCITIVO es una característica que va más allá del estilo directivo (MBRG), incursionando en el *derailer* dominancia que señala Ron Warren.

Modelos concentrados en la dimensión sistema social-sistema técnico

Se trata de modelos que no consideran la dimensión *eficiencia actual-desarrollo futuro*. En el cuadro siguiente resumimos a grandes rasgos la correlación entre estos modelos.

3 - pág. 91
1 - pág. 124
3 - pág. 116

Modelos	Orientación (MBRG)	
	Sistema social	**Sistema técnico**
Grid de Blake y Mouton	Preocupación por las personas	Preocupación por la producción
Teorías según McGregor	**"Y"**	**"X"**
Participativo o directivo	Participativo	Directivo

En el *grid* existe una clara correlación entre, por un lado, la preocupación por las personas y la orientación por el sistema social; y, por otro lado, entre la preocupación por la producción (la tarea y los resultados) y la orientación por el sistema técnico. El *grid* asigna convencionalmente un puntaje a cada tipo de preocupación (1 a 9); y contempla distintas combinaciones de puntaje (9.9, 9.1, 1.9, 5.5 y 1.1). De manera que la dimensión sistema social-sistema técnico se desglosa en dos dimensiones: una corresponde al sistema social y la otra al sistema técnico.

Las teorías "X" e "Y" de McGregor representan modelos mentales acerca de la naturaleza humana que inducen a adoptar comportamientos que pueden ubicarse como orientados al sistema técnico en detrimento del sistema social (teoría X), o bien como una manera de enriquecer el sistema social (teoría Y) con efecto positivo sobre el sistema técnico.

El continuo que va desde muy participativo hasta muy directivo, con sus graduaciones intermedias, versa sobre un aspecto muy importante de la dimensión sistema social-sistema técnico. El estilo directivo tiende a no ser compatible con la orientación por el sistema social, por cuanto esta entraña la valoración, el aprovechamiento y el desarrollo de los recursos humanos, condiciones que requieren un estilo participativo, en mayor o menor grado.

Resumen

De los modelos analizados surge una estructura fundamental que comprende dos dimensiones o ejes.

Uno de los ejes corresponde a ESTRATÉGICO-OPERATIVO o bien a DESARROLLO FUTURO-RESULTADOS ACTUALES. Se trata de una alternativa dentro de la definición de esta dimensión. El *modelo de las 4 miradas del líder* y *las dualidades según Kaplan y Kaiser* optan por estratégico-operativo. El MBRL opta por desarrollo futuro-resultados actuales, en línea con la distinción entre los roles de arquitecto y de administrador. Ron Warren no plantea esta dimensión como tal, pero la contempla dentro de empuje y maestría por la tarea al distinguir los rasgos de innovación (del arquitecto) y de escrupulosidad (del administrador). En el *modelo de Deloitte* esta dimensión juega en la distinción entre el pionero y los otros tres estilos. Goleman se limita a identificar el estilo visionario, que corresponde a lo estratégico o al desarrollo futuro. Los otros cuatro estilos no tratan esta dimensión.

La otra dimensión corresponde a SISTEMA SOCIAL - SISTEMA TÉCNICO, que equivale a PERSONAS - TAREAS Y RESULTADOS. Todos los modelos la tratan de una manera u otra. El MBRG y el *modelo de las 4 miradas del líder* la establecen claramente. En el *modelo de Ron Warren* está comprendida en los dos campos de *drivers.* En el *modelo de Deloitte*, el pionero y el integrador se presentan como más orientados al sistema social; el conductor y el guardián lucen más inclinados por el sistema técnico. En el *modelo de Goleman*, los estilos de entrenador, asociativo y democrático pueden identificarse con el sistema social; los estilos *que marca la pauta* y coercitivo, con el sistema técnico. El *grid* de Blake y Mouton refleja plenamente esta dimensión. Las teorías X e Y de McGregor explican el comportamiento al respecto. Kaplan y Kaiser se limitan a la dualidad autoritario-facilitador, lo mismo que el modelo de participativo o directivo, y su complemento que distingue el contenido del proceso.

Los términos de ambas dimensiones pueden enfocarse de dos maneras distintas. Una es suponer que un puntaje alto en un término tiende a ir acompañado por un puntaje menor en el otro término; por ejemplo, si un gerente está muy orientado a lo estratégico, es natural que esté poco orientado a lo operativo. El modelo de las 4 miradas del líder se aproxima a este enfoque. El otro enfoque es que el puntaje puede ser alto o bajo en un término con independencia del puntaje en el otro término. El *grid* de Blake y Mouton adopta este enfoque. El concepto de versatilidad enfatizado por Kaplan y Kaiser implica un puente entre los dos enfoques: si el gerente es versátil, cabe el segundo enfoque; si no lo es, se cae en el primer enfoque. Claro está que la cuestión depende de la probabilidad que uno le otorgue a que la persona resulte capaz de ser versátil.

Estilos – Conceptos

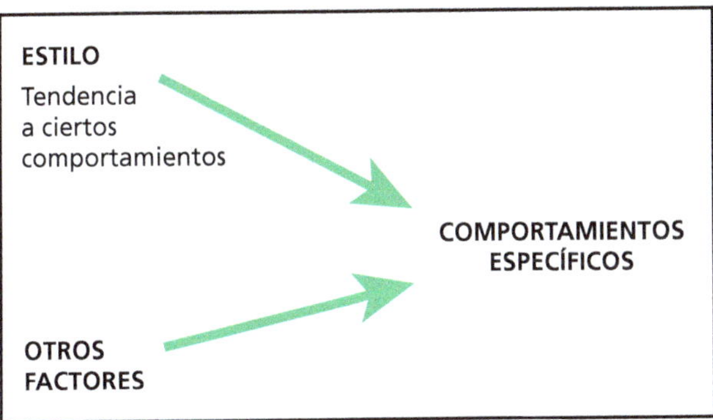

La palabra "estilo" se ha empleado en dos sentidos distintos:

- Uno, para referirse a la inclinación general de la persona a comportarse de cierta manera, a repetir patrones de conducta, más allá de condicionamientos situacionales. Este es el significado que nosotros preferimos y que, en general, utilizamos en esta obra.
- El otro se refiere al comportamiento puntual de la persona en una situación determinada. Este es el significado que utilizan los autores volcados al liderazgo situacional.

Al respecto, cabe acarar lo siguiente: una persona puede ejercer cierto comportamiento a raíz de las circunstancias, sin que ello corresponda a su estilo; y puede tener un estilo definido, pero en diversas ocasiones adoptar distintos comportamientos que no responden a su estilo.

El planteo de los estilos da lugar a modelos que suelen tener las características siguientes:

1. Focalizan un campo determinado del comportamiento de una persona.
2. Dentro del campo enfocado, comprenden una o más dimensiones, cada una de las cuales entraña alternativas en cuanto a las actitudes de la persona; por ejemplo, participativo o directivo.
3. Desarrollan observaciones acerca de dichas alternativas, que pueden incluir o no juicios de valor; por ejemplo, que el estilo participativo en general es preferible al estilo directivo.

Con relación al campo indicado en 1, cabe distinguir:

A. Características referentes a la persona como tal, acerca de su inteligencia emocional, su personalidad, etc. M 12 - pág

B. Aspectos inherentes al ejercicio de la gerencia o del liderazgo.

C. Aspectos correspondientes a actividades específicas, distintas de B; por ejemplo, el estilo de aprendizaje.

Algunos de los estilos referidos en B se han enunciado como estilos gerenciales y otros, como estilos de liderazgo. Sin embargo, si partimos de la relación entre gerencia y liderazgo que establecimos en el módulo respectivo, relación que sustenta el concepto de liderazgo gerencial, podemos agrupar los distintos modelos de la categoría B bajo el rótulo de "estilos gerenciales/de liderazgo", o bien "estilos de liderazgo gerencial".

En general, existe cierta correlación entre las características indicadas en A y el estilo gerencial/de liderazgo. En esta correlación juegan también las competencias, porque dichas características las afectan, y a su vez las competencias afectan el estilo. Aquí influye lo siguiente: en general, las personas tienden a ocuparse en lo que son más capaces; y, viceversa, el ocuparse en algo (experiencia) favorece la capacitación pertinente. La elección acerca de en qué se ocupa uno, y cómo lo hace, tiene que ver con el estilo.

24 - pág. 78

En esta obra tratamos distintos modelos ubicables en B. Los lectores podrán vislumbrar cierta correlación entre los modelos, que indagamos en el módulo ESTILOS – ANÁLISIS COMPARATIVO DE LOS MODELOS.

Una observación final que consideramos muy importante: los modelos no son la realidad, son aproximaciones a la realidad que nos ayudan a analizarla y comprenderla. Cada individuo es distinto del resto, por lo cual ningún modelo puede reflejar los infinitos matices del comportamiento humano.

Estilos – Dualidades según Kaplan y Kaiser

DUALIDADES	
Estratégico	Operativo
Directivo	Facilitador
Otras	
Tendencia común ← o →	
Versatilidad ⇄	

La mayoría de los procesos de desarrollo personal incluyen, de una forma y otra, la identificación de "fortalezas" y "debilidades" (u otros conceptos más o menos equivalentes) como marco para focalizar los aspectos a mejorar o desarrollar y sobre esta base encarar el plan de acción consecuente.

Esto es aplicable en diversas oportunidades: a partir de una evaluación de desempeño, como parte de un proceso de transferencia de la capacitación al trabajo, en el coaching, etcétera. Pero existe un fenómeno paradojal que suele no tenerse debidamente en cuenta: las propias fortalezas pueden implicar debilidades, adicionales a las identificadas específicamente como tales. El fenómeno se puede dar por dos razones:

1. En algunas situaciones, la sobreutilización de la fortaleza tiende a ser contraproducente.
2. Ciertas fortalezas corresponden a un estilo que cabe ubicar en una dimensión o "dualidad", que comprende dos lados opuestos, cuya efectividad depende de la situación. Y existe la tendencia a que la persona inclinada a uno de los dos lados descuide o incluso desvalorice el lado opuesto.

Con relación a la cuestión indicada en 1, cabe destacar un concepto: en ciertas circunstancias, muchos de nuestros defectos son exageraciones de nuestras virtudes. Por ejemplo:

- Una persona muy afable suele poseer atributos valiosos, pero en determinada situación tal vez tenga dificultad para adoptar un comportamiento "duro" con otra persona, a pesar de que sería lo aconsejable en esa circunstancia.
- En general, es conveniente que una persona sea asertiva. Pero no es extraño que su asertividad se convierta en agresividad o sea percibida como tal.

Al respecto citamos el párrafo siguiente extraído del libro *La inteligencia emocional aplicada a los recursos humanos*, de Alejandra Laura Figini (Macchi, 2002):

Según Aristóteles, existen dos tipos de defectos: los defectos por oposición a una virtud (ejemplo: ordenado/desordenado) y los defectos por exceso de una virtud (ejemplo: ordenado/obsesivo). Los primeros (por oposición) no se encuentran en una misma persona, ¡nadie puede ser ordenado y desordenado al mismo tiempo!

Con relación al tema indicado en 2, Robert E. Kaplan y Robert B. Kaiser, en su excelente libro *¡Cuidado con sus virtudes!* (Empresa Activa, 2013) identifican dos dualidades principales: estratégico-operativo, por un lado, y directivo (*forceful*) - facilitador (*enabling*), por el otro, y señalan lo siguiente:

- Las virtudes del lado estratégico son fijar el rumbo, promover el crecimiento y liderar la innovación. Sus vicios o peligros: tener la cabeza en las nubes, pretender más de lo posible o impulsar un cambio inconveniente. Las virtudes del lado operativo son: capacidad de ejecución, eficiencia y orden; sus vicios o peligros: visión de túnel, ser demasiado restrictivo (especialmente con los costos) o rigidez en los procesos.

- Las virtudes del lado directivo son hacerse cargo, comunicación asertiva y empuje; sus vicios o peligros: sobrecontrol, dominante en las reuniones o demandante en exceso. Las virtudes del lado facilitador son el "empowerment" de la gente, la capacidad de escucha y el apoyo a los demás; sus vicios o peligros: confiar en lugar de verificar, ser permisivo o ser "demasiado bueno" o blando.

3 - pág. 172
4 - pág. 152
6 - pág. 60

Dichos autores destacan el atributo de "versatilidad", que es la capacidad de moverse de un lado al otro de la dualidad, en función de la situación. Ellos han desarrollado y aplicado un instrumento que intenta medir la versatilidad del gerente. Sus resultados indican para cada uno de los cuatro lados de ambas dualidades si el gerente los utiliza en defecto o en exceso, o en la medida justa. Las investigaciones realizadas, tomando en consideración dichos resultados, arrojan las siguientes tendencias:

- Correlación negativa entre estratégico y operativo, y entre directivo y facilitador. Vale decir que, en la respectiva dualidad, si el gerente tiene mucho de un lado tiende a tener poco del otro. En línea con esto, un porcentaje menor de gerentes posee alta versatilidad.

- Correlación positiva entre versatilidad y eficacia gerencial.

Las típicas evaluaciones de desempeño, que califican las competencias o comportamientos por medio de una escala numérica (tácita o explícita), digamos de 1 a 5, no arrojan mayor información acerca del fenómeno indicado. Por ejemplo, una persona puede tener una calificación de 5 en una competencia A y una calificación 2 en una competencia B; pero estas calificaciones no dicen nada acerca de la debilidad potencial inherente a la competencia A, que es distinta de la debilidad en la competencia B. Por ello es muy importante hacer preguntas abiertas en torno al feedback positivo, a fin de explorar la posibilidad de que existan debilidades basadas en fortalezas.

El abordaje de tales debilidades requiere la aplicación de ciertos conceptos fundamentales que aporta la psicología, los cuales están al alcance de la comprensión de quienes no somos profesionales de esta disciplina. Nos referimos especialmente a los siguientes aspectos:

- Los conocimientos acerca de la influencia de la personalidad sobre el comportamiento humano. En este campo, es importante el concepto de rasgo de personalidad: "tendencia distintiva a comportarse de cierta manera, a repetir patrones de conducta, más allá de los condicionamientos situacionales"; es lo que nos empuja a uno de los dos lados de las dualidades, como las resaltadas por Kaplan y Kaiser. M 21 - pág
- Los avances de la psicología cognitiva, en el sentido de considerar que modificando la manera de pensar podemos cambiar las emociones y consecuentemente el comportamiento. Con relación a las debilidades basadas en fortalezas, suelen ser útiles las estrategias dirigidas a superar algunas de las falacias identificadas por Aaron Beck (uno de los fundadores del cognitivismo): el "pensamiento polarizado", que es la tendencia a pensar según los extremos bueno/malo, nunca/siempre, etcétera, y la "abstracción selectiva", que aísla ciertos aspectos de sucesos o situaciones, atribuyéndoles un valor excesivo en detrimento de otros. En un módulo de *Competencias, cambio y coaching*, de la colección "Módulos de management" (Ediciones Granica, 2015), tratamos dichas falacias. M 19 - pág

27 Estilo – Estrategia *vs.* orientación a la acción

Dentro de una organización cualquier colaborador –no solo los gerentes– puede tener mayor o menor orientación a la acción y mayor o menor pensamiento estratégico.

Hacer foco en los temas más estratégicos muchas veces implica necesariamente poner cierta distancia respecto de las cuestiones de corto plazo, del día a día, generalmente delegadas en niveles jerárquicos inferiores de la pirámide organizacional.

Por lo general, quienes llegan a ocupar posiciones de liderazgo en las compañías se han destacado en estratos organizacionales en donde la orientación a la acción es clave. Esta orientación implica cierto sentido de la urgencia, cumplir plazos, seguir una agenda, controlar, ejecutar con rapidez, entre otras cuestiones.

A medida que la persona sube en la pirámide organizacional, suele ocupar posiciones de liderazgo que implican, además, la necesidad de definir cuestiones estratégicas de mediano y de largo plazo. Sin embargo, existen muchos líderes que mantienen la misma orientación a la acción que cuando tenían posiciones jerárquicamente inferiores. ¿Esto les juega en contra? ¿Pueden hacerse las dos cosas con excelencia al mismo tiempo?

En el libro de Driver, Brousseau y Hunsaker titulado *The Dinamic Decisión Maker* (Self Discover Press, 1998) los autores distinguen distintos estilos de toma decisiones y liderazgo, los cuales se diferencian, sobre todo, por la cantidad de información que demandan para operar. Destacan que aquellos líderes que tienen el estilo denominado *decisive style* (estilo decisivo) ponen el foco en el corto plazo, sin realizar, por lo general, una planificación mayor a los cinco años. Los líderes de estilo decisivo, de acuerdo con los autores señalados, poseen las siguientes características:

- Logran hacer muchas cosas en un período corto, gracias a que pueden tomar decisiones con poca información.
- Por lo general, se apoyan en la intuición y en la confianza respecto de sus propias capacidades de anticipación.

- Deciden rápido, ejecutan rápido.
- Se destacan por tener una alta orientación a la acción y a los resultados.
- Afrontan las situaciones con energía y empuje, teniendo en cuenta siempre los objetivos y resultados esperados.
- No temen iniciar la acción antes de que todos los datos involucrados estén disponibles y confirmados.
- Perseveran para terminar todo lo que han iniciado. Pocas veces vuelven atrás.

Por otro lado, existe otro tipo de líderes que para tomar una decisión suelen analizar detenida y minuciosamente gran cantidad de información. Estos líderes, por lo general muy analíticos, tienen el estilo denominado *complex style*, y poseen las siguientes características:

- Se toman su tiempo para tomar una decisión.
- Prefieren participar de pocas decisiones: de las más complejas, de las más estratégicas.
- En su extremo no suelen ser rápidos, sino que son portadores de una gran lógica y de procesos decisorios de calidad.
- Gracias a ello, ven el panorama completo, planifican.
- Se destacan por crear una visión nueva y diferente.
- Son estrategas efectivos, capaces de plantear múltiples ideas y posibilidades de futuro. Tienen intereses y conocimientos amplios.
- Pueden crear y aportar al mercado ideas muy atractivas.
- Se sienten cómodos especulando sobre alternativas de futuro, aún sin disponer de todos los datos vinculados.

A la vez, son capaces de tomar decisiones complejas: pueden resolver problemas difíciles y complejos. Tienen buena capacidad de deducción para buscar sentido a partir de los datos disponibles. Son rápidos analizando y entendiendo datos nuevos y diferentes.

Existen, obviamente, estilos mixtos que tienen algo de los dos. Son muy pocos los líderes que poseen ambos estilos bien marcados. Por lo general, uno va en detrimento del otro.

Los autores señalan que ninguno de estos estilos es mejor ni peor que el otro. Consideran que dependerá del nivel de la organización o de la posición de que se trate. Para posiciones de CEO o número 1, en organizaciones que no requieren que dicho líder participe del día a día, el estilo *complex* suele ser mejor. En posiciones más bien gerenciales, con mucho foco en la gestión, es necesario también el estilo *decisive*. La clave está en entender el mix que requiere cada posición.

¿Es compatible en las posiciones de liderazgo mantener una alta orientación a la acción y al mismo tiempo abocarse a la definición de cuestiones estratégicas claves? En posiciones de alto nivel, la agenda de trabajo suele ser limitada y el líder debe elegir qué temas priorizar en su agenda. Está demostrado que aquellos que siguen teniendo una alta orientación a la acción no dedican a lo estratégico el tiempo necesario.

M26 - pág. 85

Los conceptos comprendidos en este módulo tienen cierta correlación con el contenido del módulo ESTILO – DUALIDADES SEGÚN KAPLAN Y KAISER.

Estilos – *Grid* de Blake y Mouton

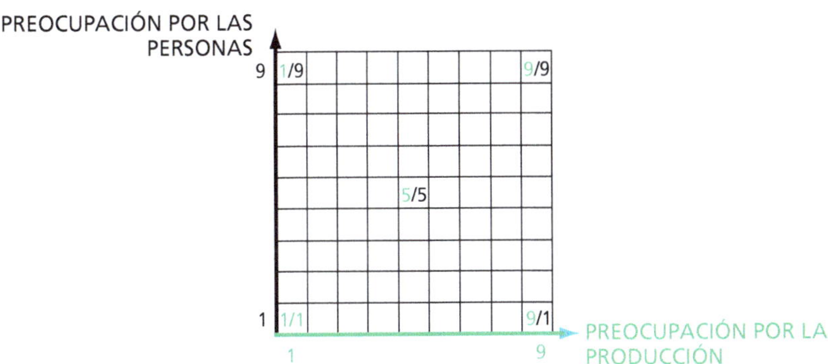

Blake y Mouton, reconocidos por sus trabajos en la investigación, capacitación y consultoría en el campo del management, destacaron dos dimensiones fundamentales para examinar el perfil de un gerente: su preocupación por la producción y su preocupación por las personas.

La preocupación por la producción incluye la tarea y los resultados. A cada una de ambas dimensiones le asignaron convencionalmente un puntaje de 1 a 9. Y sobre esta base elaboraron su famoso "*grid* gerencial" que comprende cinco prototipos de estilos gerenciales.

- El 9,1 *Estilo de mando autoridad-obediencia* – Máxima preocupación por la producción (9) combinada con mínima preocupación por las personas (1).
- El 1,9 *Administración de un club campestre* – Mínima preocupación por la producción (1) unida a máxima preocupación por las personas (9).
- El 1,1 *Estilo de mando empobrecido* – Mínima preocupación tanto por la producción (1) como por las personas (1).
- El 5,5 *Estilo de mando basado en el hombre-organización* – Nivel aceptable, aunque mediocre, en ambas direcciones (5).
- El 9,9 *Estilo de mando caracterizado por el trabajo en equipo* – Integra máxima preocupación por la producción (9) con máxima preocupación por las personas (9). M 64 - pág

Ambas dimensiones, si bien son distintas, no son independientes: las condiciones de una influyen sobre la otra y viceversa. Así, un 9,1 puede obtener muy buenos resultados a corto plazo, pero su escasa preocupación por las personas tiende a afectar la calidad de la producción porque no aprovecha plenamente los recursos humanos. Y el 1,9, a pesar de su preocupación por las personas, termina perjudicándolas debido a la influencia negativa que el descuido de la producción ejerce sobre ellas.

Blake y Mouton sostienen que el 9,9, a su juicio el mejor estilo, aplica los siguientes principios fundamentales:

- La libre elección basada en la información sirve de fundamento a la acción personal, en lugar de la obediencia forzada.
- 0 - pág. 167 La participación activa en la solución de problemas y en la formulación de decisiones es la base del crecimiento y del desarrollo, en lugar de la aceptación pasiva de instrucciones.
- El respeto y la confianza mutuos sirven de base para relaciones interpersonales equilibradas, en lugar de la desconfianza y la autodefensa.
- 2 - pág. 149 La comunicación abierta fomenta la comprensión mutua, en contraste con la comunicación unilateral escondida, cerrada o de estilo maquiavélico que crea cada vez mayores obstáculos para la comprensión.
- La actuación se desarrolla dentro de una estructura de metas y objetivos basados en la autodirección, en lugar de en la dirección por elementos exteriores.
- La resolución de conflictos se realiza a través de la confrontación directa, en lugar de a través de la supresión del allanamiento temporal de los compromisos o de cualquier tipo de manipulación.
- Cada uno responde ante sí mismo por su propia actuación, en lugar de ante los demás.
- La crítica se utiliza para aprender de las experiencias, en lugar de repetir las equivocaciones porque no se estudian las experiencias pasadas.
- Las personas participan en actividades de trabajo complejas o en una variedad de tareas, en lugar de ocuparse de tareas sencillas o de repeticiones de la misma actividad.

El *grid* gerencial tiene cierta correlación con el modelo que presentamos en el módulo
3 - pág. 103 ESTILO – MODELO BASADO EN LOS ROLES GERENCIALES:

- La preocupación por la producción (la tarea y los resultados) con la orientación al rol de administrador (en principio).
- La preocupación por las personas con la orientación al rol humano.

Pero observamos que el *grid* no le presta especial atención al rol de arquitecto. Al respecto, caben dos interpretaciones:

- La orientación por el arquitecto está incluida dentro de la preocupación por la producción.
- La orientación por el arquitecto no está considerada por el *grid* gerencial.

Cualquiera de las dos interpretaciones implica un déficit del *grid*. En nuestra opinión, la orientación al rol de arquitecto es un campo muy significativo del estilo de un gerente que es preferible plantear específicamente y por separado.

Un gerente puede tener una gran orientación al rol de administrador y una muy escasa orientación al rol de arquitecto, o viceversa. Y esto entraña una distinción fundamental.

Estilos – Liderazgo adaptativo

Problema	¿Cuál es la tarea a realizar?	¿Quién debe hacerla?
Técnico	Aplicar el conocimiento vigente	Las autoridades competentes
Adaptativo	Aprender nuevos métodos no establecidos	Todas las personas involucradas

---

El concepto de liderazgo adaptativo de Ronald A. Heifetz y Marty Linsky, desarrollado en sus libros *Liderazgo sin límite* (Paidós ibérica, 2003) y *La práctica del liderazgo adaptativo* (Paidós, 2012), a diferencia de la concepción más tradicional, que pone énfasis en quien lidera, se focaliza en las vicisitudes de movilizar un sistema para resolver problemas que no tienen soluciones técnicas (o al menos no son conocidas).

Al decir que un problema adaptativo no tiene una resolución técnica, los autores refieren a que el líder o el experto no puede aplicar el saber técnico con el fin de solucionar este tipo de dificultad. El problema adaptativo exige para su resolución ciertos cambios en los comportamientos de las personas involucradas en la problemática.

Según estos autores, el liderazgo tradicional evoca una forma de conducir en la que hay una persona que concita la adhesión de otros, con una autoridad que no es cuestionada; una autoridad que le permite ordenar, dirigir, asignar roles y tomar decisiones, para que otros hagan lo que él sabe que hay que hacer para resolver los problemas. Eso es efectivo en el caso de los problemas técnicos.

Para poder resolver problemas adaptativos, se requiere otro tipo de liderazgo que ponga énfasis en el ejercicio del liderazgo de un sistema, en el cual hay múltiples actores involucrados. En algunas ocasiones, incluso, es necesario que la autoridad sea cuestionada y desafiada.

La siguiente figura ilustra la complejidad de las situaciones en las que coexisten varias personas con distintas perspectivas sobre una misma cuestión, que conviven con valoraciones diversas acerca de un mismo problema. Se trata de un entorno complejo, en el que se presentan conflictos por los valores que encarna cada facción, a veces latentes y otras veces expresados abiertamente.

Muchas situaciones reclaman hoy la capacidad para cambiar de foco y observar las problemáticas desde un enfoque sistémico, identificando el desafío adaptativo y reconociendo la complejidad que implica trabajar con varias personas que valoran de manera muy distinta aspectos esenciales para resolver un mismo problema, formando varias facciones. Esto hace que resulte imprescindible encontrar puentes entre las visiones contrapuestas para que este sistema social pueda avanzar encontrando soluciones que afectarán los intereses y valores de los actores en juego. En el centro ya no está la persona –o líder– sino el problema, el desafío de liderazgo.

Al poner foco en el sistema en el que conviven personas con distintas perspectivas, se destaca que hay desafíos para los cuales no hay una solución conocida, sino que reclaman una estrategia que permita conectar con una dinámica colaborativa a personas que tienen visiones contrastantes que generan muchas veces un conflicto.

Llevar a cabo un liderazgo adaptativo implica entonces tener el coraje y la capacidad para enfrentar dichos conflictos. Los autores destacan la importancia de regular la tensión creativa, de modo tal que los conflictos se resuelvan. Si la tensión entre los miembros durante el proceso de resolución es muy baja, la solución no llega. Si la tensión es muy alta, puede ser contraproducente.

Frente a un problema técnico, la autoridad debe asumir el rol tradicional y satisfacer las expectativas de dirección, protección y orden. Frente a un problema adaptativo, la autoridad deberá adquirir la habilidad de ir "contracorriente", deberá frustrar las expectativas que recaen sobre ella. En estos casos hay que "devolver el trabajo" y resistir la tentación de proveer soluciones técnicas o dar respuestas que no existen. Este comportamiento por parte de la autoridad es muy desestabilizante para el sistema.

El liderazgo se convierte entonces en el arte de regular la tensión para que las personas asuman el trabajo adaptativo necesario para movilizar el sistema hacia una situación de mayor utilidad social o mayor bienestar para todos.

Los autores sugieren a los líderes:

1. Distinguir si el problema es técnico o adaptativo.
2. Si adaptativo, ejercer un liderazgo de tipo adaptativo.

Para el desarrollo de liderazgo adaptativo, sugieren:

- Poner al problema en el medio y articular un proceso participativo. M 60 - pág
- Devolver la tarea, no ponerse en el centro de la escena, no querer tener las respuestas.
- Averiguar dónde están las personas: qué piensa cada uno, cómo influirlas. Mantenerse cerca de la oposición. M 57 - pág
- Explorar qué hay detrás de las opiniones, dilucidar conflictos subyacentes.
- Salir cada tanto al balcón, mirar toda la temática en perspectiva. Escuchar la canción más allá de la letra.
- Orquestar los conflictos. Por momentos liderar exige incrementar la tensión productiva del sistema y por momentos aminorarla, dejar madurar el problema;

no apurarse de más en encontrar la resolución. Aceptar las pérdidas que puede implicar la salida.

- Hacer intervenciones cortas y simples en el sistema. No buscar tener un protagonismo excesivo.
- Conservar la calma; tener confidentes que lo ayuden a lidiar con el proceso. Los desafíos adaptativos suelen ser desgastantes.
- De esa manera, es probable que lidere un sistema que lleve a la solución del problema o el desafío.

Estilos – Liderazgo centrado en principios

El liderazgo centrado en principios nace dentro de uno y se irradia hacia los demás. No es una fórmula para lograr influencia en el corto plazo, sino más bien una transformación interna que tiene su impacto en el exterior, en los demás.

En su libro *Liderazgo centrado en principios* (Paidós, 2013) Stephen Covey describe 8 características de este tipo de líder:

1. *Aprende continuamente.* Los líderes centrados en principios son personas que entienden que a medida que crece su círculo de conocimiento, también crece su nivel de ignorancia. A medida que abren una puerta más del conocimiento, se dan cuenta de que existe un vasto terreno nuevo por recorrer. Muestran grandes dosis de curiosidad y emplean gran parte de su tiempo en formarse y ampliar sus fortalezas.

2. *Está orientado a servir a otros.* Este tipo de líder entiende que su rol tiene que ver con llevar a las personas a donde quieren o deben llegar. El servicio puede ser abrirles puertas, conectarlas con otras personas, servir de mentor, corregirlas, confrontarlas, etc.

3. *Es optimista.* El líder centrado en principios es una persona optimista que irradia felicidad. Su espíritu está lleno de entusiasmo y con esperanza sobre un futuro mejor. M 14 - pág

4. *Cree en los demás.* El líder centrado en principios comprende que existe una diferencia entre el desempeño actual y el potencial. Este tipo de líder no reacciona negativamente ante las faltas, por el contrario, aprovecha esas experiencias para ayudar a su equipo a desarrollarse.

5. *Sabe conciliar.* Este tipo de líder entiende que los extremos no llevan a su organización a un mejor lugar. Entiende que existen diferencias y conflictos, pero los maneja de la mejor manera para lograr los objetivos. Mantiene un balance entre el aprendizaje del pasado, la sensibilidad en el presente y la visión del futuro.

6. *Entiende su vida como una aventura.* El líder centrado en principios ve la vida como una gran expedición. Si bien no está seguro de lo que va a encontrar, vive confiado en que superar las barreras y conflictos vale la pena y es un medio para lograr un fin. Su seguridad no necesariamente viene de la abundancia o de algo externo, sino de la confianza en sus propias capacidades.

4 - pág. 173

7. *Genera sinergias con otros.* Es proclive a fomentar la colaboración y la cohesión de los equipos, obtiene resultados a través de la combinación de las diferentes inteligencias, habilidades y estilos.

8. *Practica la auto-renovación.* El líder centrado en principios comprende la importancia de la constante renovación personal. Constantemente lleva a cabo distintos tipos de prácticas que le permiten renovarse en cuerpo, mente y alma de manera integral.

Estilos – Liderazgo transaccional o transformador

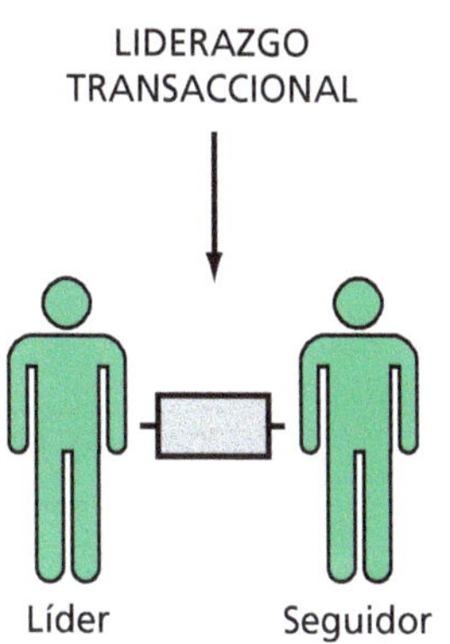

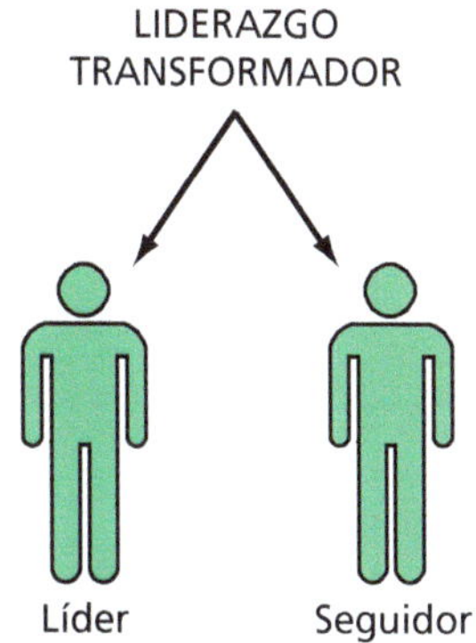

James McGregor Burns introdujo a principios de 1970 la idea de que hay dos estilos de liderazgo distintos: el *transaccional* y el *transformador.*

Con el primero se establece una relación de conveniencia entre el líder y el seguidor, orientada a satisfacer las necesidades de ambas partes. Pero esta relación no altera mayormente las condiciones personales del que lidera.

Con el segundo, en cambio, el líder ejerce una influencia significativa sobre el desarrollo personal del seguidor, que afecta sus valores y creencias, sus emociones y su motivación. Vale decir que implica un cambio positivo en el seguidor como persona. Y también, a la recíproca, el propio líder se desarrolla a partir de su relación con el seguidor.

El liderazgo transformador tiene mucho en común con el liderazgo inspirador, que tratamos en el módulo respectivo.

M 18 - pág

Líderes introvertidos

Extrovertidos	Introvertidos
Buscan a las personas y se ven estimulados por ellas.	Les estimula pasar tiempo solos.
Hablan primero, piensan después.	Piensan primero, hablan después.
Expresan sus pensamientos.	Procesan sus pensamientos.
Son entusiastas.	Son reservados.
Son transparentes.	Sus expresiones faciales no revelan claramente sus emociones.
Comparten libremente sus asuntos personales con diversas personas.	Comparten sus asuntos personales con un grupo selecto de personas.
Prefieren conversar a escribir.	Prefieren escribir a conversar.
Atienden varias cosas al mismo tiempo.	Buscan la profundidad.

En su libro *El líder introvertido* (Empresa Activa, 2009), Jennifer Kahnweiler se pregunta: *¿Puede el líder introvertido liderar con la misma eficacia que el extrovertido?*

Existe la creencia generalizada de que en una organización el estilo extrovertido favorece la tarea de liderar, ya que permite realizar más naturalmente actividades que tengan que ver con:

- Explicitar direcciones.
- Influir sobre personas que tengan opiniones diferentes. 7 - pág. 158
- Hacer que las cosas sucedan. Esta actividad supone salir al campo, dar seguimiento, controlar, exigir cambios.
- Intervenir con mayor impacto.

Sin embargo, esta presunción no se confirma en todos los casos, ya que es necesario considerar también otras cuestiones fundamentales, como son las áreas de especialidad y el estilo de reportes. Para liderar ciertas áreas y reportes retraídos, suele ser más eficaz un liderazgo introvertido.

Más allá de lo anterior, si un líder tiene un estilo introvertido y tiene la exigente tarea de liderar en una organización donde predomina la extroversión, es de suma importancia que pueda gestionar ciertas *zonas de riesgo* claves, que según Jennifer Kahnweiler son las siguientes:

- El estrés: el exceso de trabajo, la rumiación mental, la falta de seguridad y confianza en sí mismo y el agotamiento social son propios de este estilo.
- Las brechas de percepción entre lo que es y lo que aparenta: el introvertido puede ser visto como lento y con falta de empuje.
- Las desviaciones profesionales: priorizar la rigurosidad técnica, ignorar la importancia de los contactos y evitar la política.

- La invisibilidad: puede perder oportunidades de impacto, no hacer oír sus puntos de vista o quedarse más de la cuenta en segundo plano.

Posteriormente, la misma autora, en su libro *Influir silenciosamente* (Empresa Activa, 2013), propone a los líderes introvertidos que no procuren ser extrovertidos, sino aprovechar 6 puntos fuertes como medios para lograr influenciar:

1. *Buscar momentos de calma.*

   Curiosamente, el introvertido aumenta su capacidad de influir en otros cuando encuentra un espacio y un momento para estar apartado de otras personas.

2. *La preparación.*

   El introvertido actúa mejor si se prepara. Dedicar un momento de calma para establecer el propósito y el plan de acción para lograrlo es clave para él. La improvisación no funciona bien con este estilo.

3. *La escucha activa.* M 16 - pág

   Para influir, se debe ser receptivo. Si las ideas de los colaboradores no tienen efecto en el líder, esto tendrá consecuencias recíprocas. El introvertido debe usar su calidad para desarrollar el campo fértil para la influencia. Que esté dispuesto a escuchar aumenta su comprensión de la situación, profundiza su empatía y desarrolla su credibilidad. A la vez, de este modo, actúa como caja de resonancia y potencia al equipo.

4. *Las conversaciones centradas.*

   Las personas que influyen silenciosamente aprovechan al máximo sus conversaciones, buscando lugares y momentos para hablar. Se destacan cuando las conversaciones son formales, planificadas, con un objetivo claro. Buscar lugares, momentos y objetivos para hablar es clave para los introvertidos.

5. *La escritura.*

   La escritura puede contribuir de cuatro maneras a su capacidad para influir: al clarificar su postura, defenderla, conectar con otros de manera más rápida y motivarlos asertivamente para que actúen.

6. *El uso juicioso de los medios sociales.*

   Los medios sociales pueden convertirse para el introvertido en herramientas claves para inducir a las personas a actuar, para desarrollar y cultivar relaciones, para alcanzar mayor visibilidad, y para enseñar y aprender.

Según la autora, para gestionar adecuadamente el estilo es importante respetar un proceso de 4 fases:

1. Preparación: planificar cómo se hará.
2. Práctica: practicar de antemano.

3. Presencia: conectarse, no ausentarse desconcentrándose con pensamientos internos.

4. Empuje: mostrar entusiasmo, contagiar energía, ser creativo.

Cada una de estas fases se pone en juego de una manera, en una serie de cuestiones claves que el líder introvertido debe cuidar y gestionar particularmente, dando ciertas sugerencias bien concretas:

1. Al hablar en público.
2. Al dirigir y liderar personas.
3. Al dirigir proyectos.
4. En la gestión hacia arriba.
5. En las reuniones. 3 - pág. 172
6. En el desarrollo de relaciones en general.

A lo largo de ellas, el introvertido debe:

- Manejar adecuadamente el tono de voz (suele ser bajo).
- Repetir los mensajes claves más de una vez.
- Procurar conectarse emocionalmente con el otro.
- Prescindir del Power Point para lograr impactar más.
- Tomar la palabra por más que todos luchen por hablar.

Estilos – Modelo basado en los roles gerenciales

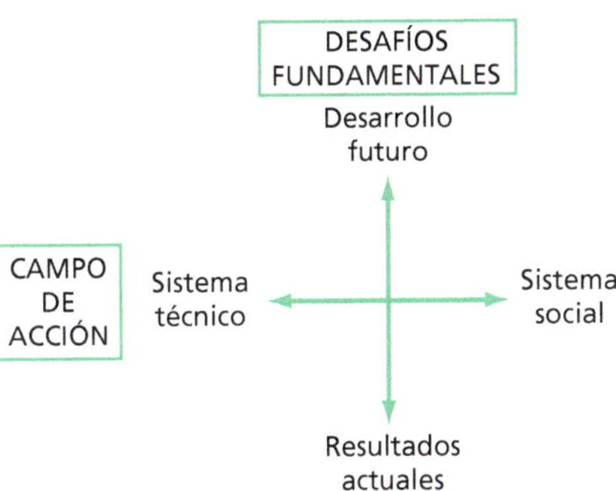

Este módulo resume un modelo de estilo gerencial/de liderazgo que hemos desarrollado partiendo de nuestro enfoque de los roles gerenciales pero tomando en cuenta otras fuentes (algunas referidas en esta obra, y otras adicionales), en especial el *modelo de las 4 miradas* de Ponte y Gazia. Nuestro modelo comprende dos dimensiones. Una corresponde a los dos DESAFÍOS FUNDAMENTALES que afronta una organización: los RESULTADOS ACTUALES y el DESARROLLO FUTURO. La otra versa sobre los CAMPOS DE ACCIÓN, en donde cabe hacer una distinción entre el SISTEMA TÉCNICO y el SISTEMA SOCIAL. En los párrafos siguientes avanzaremos sobre estas dos dimensiones.

La configuración de una organización abarca el diseño de la operación (recursos, procesos y productos), las personas, la información disponible y la arquitectura (estrategia, estructura y procesos).* Al respecto la organización afronta dos desafíos fundamentales:

- Los RESULTADOS ACTUALES, desafío que consiste en lograr los mejores resultados con los elementos de la configuración actual. Aquí es clave la eficiencia.
- El DESARROLLO FUTURO, que requiere ir transformando la configuración, en mayor o menor grado, para crear las condiciones que habrán de favorecer los resultados del mañana. Aquí es clave la innovación.

Por otra parte, la organización constituye un sistema socio-técnico que abarca:

- El SISTEMA SOCIAL, compuesto por las personas y su comportamiento, la información acerca de las personas, el contenido humano de la arquitectura (incluye los sistemas de gestión de los recursos humanos), y los aspectos de resultados que tienen que ver con las personas (por ejemplo, los gastos de capacitación y desarrollo).

* Nos remitimos al capítulo 2 del libro de Santiago Lazzati *El gerente: estratega y líder del cambio* (Ediciones Granica, 2016).

- El SISTEMA TÉCNICO, compuesto por la operación, la información acerca del entorno y la operación, el resto de la arquitectura, y los resultados, excepto los inherentes a las personas.

2 - pág. 51

En cuanto al estilo de un gerente/líder, debido a sus características personales (personalidad, aspectos de su inteligencia, etc.), es habitual que ocurra lo siguiente:

A. En la dimensión correspondiente a los desafíos fundamentales, una mayor orientación por (1) los resultados actuales que por (2) el desarrollo futuro, o viceversa.

B. En la dimensión correspondiente al campo de acción, una mayor orientación por (1) el sistema social que por (2) el sistema técnico, o viceversa.

El concepto de orientación incluye valoración, preocupación o atención, así como también ocupación o dedicación. La tendencia a una orientación u otra indicada en el párrafo precedente puede verse amortiguada por la "versatilidad" del gerente/líder. La versatilidad permite controlar la orientación para adaptarse a lo más conveniente en la situación. La falta de versatilidad implica una tendencia a privilegiar la orientación personal, a expensas de lo que sería preferible en función de las circunstancias.

Lo antedicho se refleja en el gráfico matricial que figura al inicio de este módulo, en donde las dos dimensiones dan lugar a cuadrantes que corresponden a las cuatro combinaciones de orientaciones:

A1/B1. Por los resultados actuales y el sistema social.

A1/B2. Por los resultados actuales y el sistema técnico.

A2/B1. Por el desarrollo futuro y el sistema social.

A2/B2. Por el desarrollo futuro y el sistema técnico.

Claro está que el estilo de un gerente/líder depende no solo de su ubicación en el cuadrante respectivo, sino también de la intensidad de las respectivas orientaciones comprendidas y de su grado de versatilidad. Dada la ubicación en uno de los cuadrantes, cabe plantearse cuál de las dos orientaciones incluidas es la más predominante; por ejemplo, un gerente orientado al desarrollo futuro y al sistema técnico (A2/B2) puede tener una inclinación superlativa por el desarrollo futuro, en tanto que no es tan marcada su preferencia por el sistema técnico en comparación con el sistema social. Por otra parte, la caracterización completa del estilo depende también de las otras dos orientaciones que quedan fuera de su cuadrante, aunque no sean preponderantes. Además, debe tenerse en cuenta que el modelo admite zonas grises entre los límites de los cuadrantes.

- pág. 48

Los roles gerenciales, que analizamos en el módulo respectivo, tienen que ver con las orientaciones señaladas:

- El ADMINISTRADOR, alineado con los resultados actuales y el sistema técnico.
- El ARQUITECTO, con el desarrollo futuro, tanto del sistema social como del sistema técnico.

- El HUMANO, con el sistema social, tanto respecto de los resultados actuales como del desarrollo futuro.

Vale decir que el estilo de un gerente también puede identificarse con su inclinación por ejercer, en mayor o menor grado, cada uno de los roles gerenciales: administrador, arquitecto o humano. Tal inclinación tiene cierta correlación con las competencias del gerente/líder. En este orden, nos remitimos al módulo ATRIBUTOS DEL LÍDER – COMPETENCIAS GERENCIALES.

M 13 - pág

El rol humano merece algunas consideraciones adicionales. En materia de estilos gerenciales/de liderazgo se ha hecho la distinción entre estilo DIRECTIVO o PARTICIPATIVO. Esta distinción es importante con respecto a la orientación por el sistema social o por el sistema técnico. El estilo directivo tiende a no ser compatible con la orientación al rol humano, inherente al sistema social, por cuanto este rol entraña la valoración, el aprovechamiento y el desarrollo de los recursos humanos, condiciones que requieren un estilo participativo, en mayor o menor grado.

M 38 - pág

Además, debemos tomar en cuenta no solo la alternativa entre estilo directivo o participativo, sino también una tercera opción: el estilo DEFERENTE. Según el Diccionario de la Real Academia "deferencia" significa, en su primera acepción, "adhesión al dictamen o proceder ajeno, por respeto o por excesiva consideración". A esto podemos agregarle otras palabras que figuran en el diccionario de sinónimos: condescendiente y complaciente, que no siempre tienen una connotación positiva. Ahora bien, la participación constituye un comportamiento comunicacional que, en principio, implica tratar de maximizar tanto el aporte de los demás como el propio. En este orden, un comportamiento deferente no necesariamente es participativo. Por ejemplo, el empleo de barreras defensivas puede ser deferente pero no participativo (referencia: módulo 3 de *Las conversaciones de trabajo,* de Santiago Lazzati, Ediciones Granica, 2014).

M 36 - pág

Estilos – Modelo de Goleman

Visionario
Entrenador
Asociativo
Democrático
Que marca la pauta
Coercitivo

Daniel Goleman, en su libro *Cómo ser un líder* (Ediciones B, 2014), hace referencia a una investigación llevada a cabo por la consultora Hay/McBer, realizada sobre una muestra de 3.871 ejecutivos seleccionados de una base de datos a nivel mundial. Esta investigación identificó seis estilos diferentes de liderazgo, cada uno de ellos 9 - pág. 65 resultado de diferentes componentes de la inteligencia emocional: el autorizado o visionario, el entrenador, el asociativo, el democrático, el que marca la pauta y el coercitivo. En los párrafos siguientes haremos una breve reseña de estos estilos.

El estilo *visionario* se destaca por su aptitud para generar una visión y alinear y motivar a la gente en ese camino. Señala el rumbo pero habitualmente brinda libertad de acción a su gente para encarar los medios pertinentes. Este estilo responde a lo 2 - pág. 29 que Kotter considera la esencia del liderazgo. Asimismo, comprende la capacidad 9 - pág. 142 estratégica y de gestión del cambio que es necesaria para ejercer debidamente el rol de arquitecto, dentro de los roles gerenciales.

El estilo *entrenador* pone foco en el desarrollo de los colaboradores. Los ayuda en el análisis de sus fortalezas y debilidades y en la realización de las acciones consecuentes. En general, es bueno para delegar tareas. Este estilo entraña motivación y 1 - pág. 146 capacidad para ejercer el coaching.

El estilo *asociativo* privilegia el bienestar de los colaboradores y pone énfasis en crear 2 - pág. 149 armonía entre ellos. Normalmente, favorece la comunicación y el trabajo en equipo. 4 - pág. 173 Tiende a ofrecer abundante feedback de refuerzo. Se orienta a realizar y promover interacciones positivas, lo cual es un factor que contribuye a la eficacia de los grupos.

0 - pág. 167 El estilo *democrático* brinda participación a los demás en los procesos de resolución de problemas y toma de decisiones. Le dedica tiempo a escuchar información, ideas, opiniones y propuestas, lo cual genera confianza, respeto y compromiso. Obviamente, concuerda con el comportamiento participativo identificado en el módulo 3 - pág. 116 ESTILOS – PARTICIPATIVO O DIRECTIVO.

El estilo que *marca la pauta* implica establecer metas de rendimiento muy elevadas, y predica con el ejemplo. Le da suma importancia a la gestión por objetivos, poniendo énfasis en el logro de metas ambiciosas.

El estilo *coercitivo* es poco o nada participativo. Apela fundamentalmente a la motivación extrínseca; o sea al régimen de premios y castigos. M 58 - pág.

Los estilos señalados tienen cierta correlación con las competencias de inteligencia emocional que Goleman expone en sus libros. Por ejemplo, en general, el estilo visionario se caracteriza por su flexibilidad (o adaptabilidad), optimismo, liderazgo M 14 - pág. inspirado y catalizar el cambio; el de entrenador por su predisposición muy favorable M 18 - pág al desarrollo de los demás (una de las competencias fundamentales de la gestión de las relaciones); el asociativo por su conciencia social (que incluye la empatía) y su gestión de las relaciones (que comprende diversas competencias); el democrático incluye varias de las competencias que forman parte de la gestión de las relaciones, especialmente trabajo en equipo y colaboración (aunque el líder con este estilo puede tener problemas en este campo, dependiendo de la situación y de las características de sus colaboradores); y tanto el que marca la pauta como el coercitivo se caracterizan por la orientación al logro.

Por otro lado, algunos de los estilos tienden a ir acompañados de ciertas debilidades o limitaciones en materia de competencias de inteligencia emocional. Por ejemplo, el estilo que marca la pauta y el coercitivo en cuanto a capacidad social o interpersonal, uno de los dos grandes campos de competencias de la inteligencia emocional (el M 19 - pág otro es competencia personal o intrapersonal).

Goleman sostiene que todos los estilos pueden tener desventajas, dependiendo de la situación y de las características de los líderes. Incluso dice que "el estilo coercitivo debería ser empleado con extrema cautela y en las pocas situaciones que resulta absolutamente imperativo". Y agrega: "muchos estudios ... han mostrado que cuanto más estilos exhiba un líder, mejor" y que "los líderes más efectivos varían con flexibilidad de un estilo a otro según lo necesiten". En este orden, concuerda a grandes rasgos con el enfoque del liderazgo situacional. Sin embargo, Goleman sostiene que el estilo visionario es el mejor, en tanto que el coercitivo es el peor.

En nuestra opinión, el modelo descripto precedentemente adolece de cierta ambigüedad acerca del concepto de "estilo": por una parte, utiliza el término en el sentido de inclinación general del líder (por ejemplo, cuando caracteriza al visionario o cuando dice que este es el mejor estilo, mientras que el coercitivo es el peor); y, por otra parte, pareciera emplear el mismo término como sinónimo de comportamiento específico (por ejemplo, cuando propone el enfoque situacional). M 42 - pág

35

Estilos – Modelo de las 4 miradas del líder

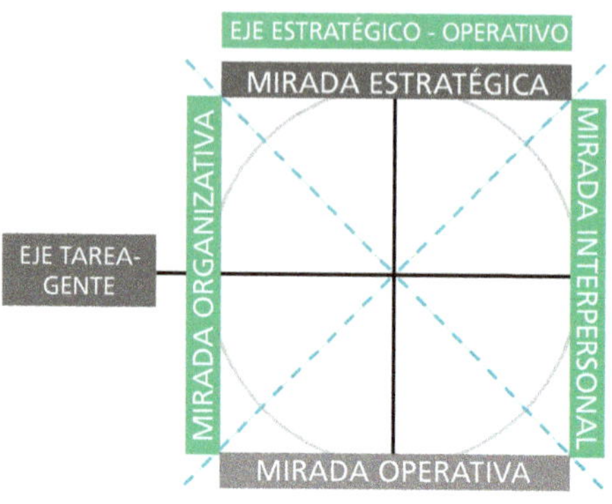

En este módulo hacemos un resumen del MODELO DE LAS 4 MIRADAS desarrollado por Jorge Ponte y Juan Carlos Gazia.

El modelo comprende dos ejes: el ESTRATÉGICO – OPERATIVO y el TAREA – GENTE. Cada eje plantea dos miradas del sujeto, una de las cuales predomina sobre la otra: en el primer eje, la estratégica o la operativa; en el segundo eje, la tarea o la gente.

26 - pág. 85

En cuanto al primer eje, nosotros observamos cierta similitud con la dualidad estratégico-operativo que establecen Kaplan y Kaiser en su libro *¡Cuidado con sus virtudes!* (Empresa Activa, 2013). Pero aquí sería aplicable lo que indican estos autores con respecto a la "versatilidad", que es la capacidad de moverse de un lado al otro de la dualidad, conforme a las necesidades de la situación.

Una persona con alta versatilidad es capaz de enfocar debidamente tanto lo estratégico como lo operativo, en función de las circunstancias. En cambio, una persona con baja versatilidad tiende a privilegiar lo estratégico o lo operativo, más allá de lo que ameriten las circunstancias.

28 - pág. 91

A su vez, el segundo eje tiene bastante analogía con las dos dimensiones del *grid gerencial* de Blake y Mouton: preocupación por la producción (equivale a orientación por la tarea y los resultados) y por las personas. Según Ponte y Gazia, existe una tendencia natural a inclinarse ya sea por las áreas "técnicas" (tarea) o por los elementos "sociales" (gente); y entonces una inclinación fuerte por la tarea puede originar una despreocupación por la gente, y viceversa. Sin embargo, el concepto de versatilidad referido en el párrafo precedente sería aplicable aquí también. En nuestra opinión, cabe la posibilidad de que una persona posea un alto nivel de orientación tanto por la tarea como por la gente, lo cual corresponde al estilo 9.9 del *grid*. Reconocemos que pocas personas poseen este estilo. Ponte y Gazia van más lejos: creen que el 9.9 es bastante raro o utópico.

A continuación transcribimos (con algunas modificaciones) ciertos párrafos del e-book de Ponte y Gazia titulado *Los pilares del líder* (Indigo Books & Music) que ilustran sobre las características de cada una de las cuatro miradas enmarcadas en los dos ejes planteados:

- La MIRADA ESTRATÉGICA, se orienta principalmente al entorno; permite desarrollar el pensamiento estratégico y la creatividad e impulsar la innovación y el cambio. En general, las personas que sobresalen por su mirada estratégica están permanentemente atentas a lo que sucede en el mercado y habitualmente adoptan una visión de mediano y largo plazo.
- La MIRADA OPERATIVA se orienta principalmente a la operación, al corto plazo y a la acción; suele ser pragmática y focalizada en los hechos concretos que están ocurriendo en la actualidad; se ocupa de producir los resultados de corto plazo y lograr que las cosas se hagan. En general, las personas en que predomina la mirada operativa son altamente eficaces y buscan la manera de lograr sus metas; su actitud es de disposición para ejecutar lo que sea necesario; son comprometidas y dirigidas a satisfacer al cliente.
- La MIRADA INTERPERSONAL es la mirada social, con foco en las personas y las relaciones interpersonales. Está orientada principalmente al sistema humano, a la gente. En general, las personas con preferencias por la mirada interpersonal son sociables y empáticas, tienen capacidad para influir en los demás, conseguir acuerdos y generar compromisos.
- La MIRADA ORGANIZATIVA se orienta principalmente al *sistema técnico* de la organización. Su mayor preocupación es cómo "organizar" lo que la empresa o sector debe hacer para lograr los objetivos definidos. En general, las personas con inclinación por la mirada organizativa son ordenadas, analíticas, previsoras y sistemáticas en la implementación de las decisiones y el control; y tienen un sentido económico del manejo de los recursos y de los resultados a lograr.

Para cada mirada el modelo identifica, además de sus fortalezas típicas, los riesgos o debilidades que suelen o pueden acompañar a las fortalezas.

El modelo da lugar a un instrumento que consta de 28 planteos. En función de las respuestas de quien contesta el instrumento surgen sendos puntajes para cada mirada, en una escala de 1 a 50. En cada eje el puntaje mayor representa la preferencia por una de las dos miradas dentro del eje, que se mide por la diferencia entre el puntaje de ambas. Por ejemplo, si la mirada estratégica arrojó 34 y la mirada operativa 18, la preferencia en el eje estratégico-operativo es por la mirada estratégica, con un diferencial de 16; y si la mirada organizativa arroja 25 y la mirada interpersonal 23, la preferencia en el eje tarea-gente es por la mirada organizativa con un diferencial de 2. La mirada predominante corresponde a la de mayor diferencial. En el ejemplo traído, sería la de la mirada estratégica (16 mayor que 2).

El perfil de la persona está dado no solo por la mirada predominante, sino también por el puntaje obtenido en las otras miradas. La predisposición de la persona resulta de la combinación de sus inclinaciones en las cuatro miradas, sea alto o bajo su puntaje. Si es bajo, entraña limitaciones que también afectan el comportamiento.

Tal combinación se puede representar en el gráfico armando un cuadrilátero con las cuatro perpendiculares que cruzan los puntajes de cada mirada. Adicionalmente, la síntesis del estilo se puede representar con un punto que resulta del encuentro de dos perpendiculares que nacen en los dos diferenciales. En el ejemplo traído en el párrafo precedente el cuadrilátero y el punto serían así:

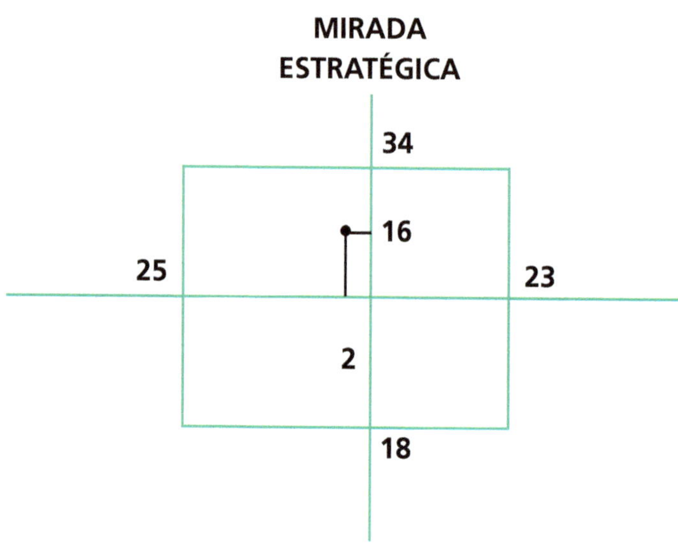

Estilos – Modelo de Ron Warren

Liderazgo	Campos de rasgos de personalidad		
Drivers (positivo)	I Empuje y maestría en la tarea	II Inteligencia social y trabajo en equipo	**I+II** Alto desempeño
Derailers (negativo)	III Dominancia	IV Deferencia	**III y/o IV Sin I ni II** Bajo desempeño
	I+III	**II+IV**	
	Desempeño medio		

En este módulo intentamos resumir el modelo de estilo gerencial/de liderazgo que presenta el libro de Ron Warren titulado *Personality at work – The drivers and derailers of leadership* (McGraw-Hill, 2017), que emplea el instrumento *LMAP 360 assessment*.

Aclaramos que cuando el libro habla del "líder" se refiere en sustancia al "gerente" en el sentido que empleamos nosotros: quien tiene un área de responsabilidad y gente a cargo, lo cual implica el ejercicio del "liderazgo gerencial". M 03 - pág

La obra sostiene que los psicólogos están de acuerdo en lo siguiente: entre 10 y 15 rasgos de personalidad reflejan las diferencias individuales importantes asociadas con la efectividad en el trabajo. Sobre esta base, el modelo identifica 3 rasgos, que agrupa en 4 campos:

- EMPUJE Y MAESTRÍA EN LA TAREA *(grit and task mastery)*:
  - Escrupulosidad *(conscientiousness)*. M 21 - pág
  - Orientación al logro *(achievement drive)*. M 21 - pág
  - Innovación *(innovation)*.
- INTELIGENCIA SOCIAL Y TRABAJO EN EQUIPO *(social intelligence and teamwork)*:
  - Apertura al feedback *(openness to feedback)*. M 10 - pág
  - Cooperación *(helpfulness)*.
  - Sociabilidad *(sociability)*.
- DOMINANCIA *(dominance)*:
  - Competitividad *(competitiveness)*.
  - Necesidad de control *(need to control)*.
  - Hostilidad *(hostility)*.
  - Rigidez *(rigidity)*.
- DEFERENCIA *(deference)*:
  - Búsqueda de aprobación *(approval seeking)*.
  - Dependencia *(dependence)*.
  - Tensión *(tension)*.

El Diccionario de la Real Academia Española da como definición de "deferencia" la "adhesión al dictamen o proceder ajeno, por respeto o por excesiva moderación".

1 - pág. 68 El autor postula que la personalidad se expresa en comportamientos; dice textualmente: "la personalidad es comportamientos". Y observa que históricamente la identificación de los rasgos de personalidad se ha basado en autodiagnósticos. Sin embargo, él cree que la percepción de los demás fundada en la interacción con el sujeto brinda una información más fidedigna acerca de su comportamiento; o sea, de su personalidad. Sostiene que los autodiagnósticos padecen del "sesgo del deseo social" *(social desirability bias),* que a menudo refleja lo que la persona piensa que debería ser más que lo que realmente es. Por lo tanto, emplea el *LMAP 360 feedback* que captura la opinión de múltiples personas que conocen al sujeto. Todos responden a 135 ítems de evaluación, usando una escala de 5 puntos que refleja la medida en que el comportamiento describe al sujeto desde "en gran medida" hasta "en nada". Además, permite recoger comentarios de los evaluadores. Warren destaca que el sujeto puede sufrir un *shock* cuando compara su propia evaluación con la de los demás.

Del análisis de los resultados provenientes de la aplicación del *LMAP 360 feedback,* la obra extrae las siguientes conclusiones:

A. Los líderes de alto desempeño, el 20% superior, tienen puntajes altos en los campos de EMPUJE Y MAESTRÍA EN LA TAREA, y DE INTELIGENCIA SOCIAL Y
4 - pág. 173 TRABAJO EN EQUIPO, y bajos en los otros dos campos.

B. Los líderes de desempeño medio, la mayoría, comprenden dos tipos de perfiles:

- Los que denomina "lado izquierdo" *(left siders)* que tienen puntajes altos en EMPUJE Y MAESTRÍA EN LA TAREA y en DOMINANCIA.
- Los que denomina "lado derecho" *(right siders)* que tienen puntajes altos en INTELIGENCIA SOCIAL Y TRABAJO EN EQUIPO y en DEFERENCIA.

C. Los líderes de bajo desempeño solo tienen puntaje alto en DOMINANCIA y/o DEFERENCIA.

Dichas conclusiones admiten niveles intermedios; por ejemplo, entre A y B: el caso de *left siders* que tienen puntaje alto en alguno(s) de los rasgos de INTELIGENCIA SOCIAL Y TRABAJO EN EQUIPO, y de los *right siders* que tienen puntaje alto en alguno(s) de los rasgos de EMPUJE Y MAESTRÍA EN LA TAREA.

Dentro de A, cabe distinguir aquellos líderes que sobresalen en el rasgo de innovación de los que se destacan principalmente en escrupulosidad. Esta distinción tiene que ver con la mayor inclinación por el rol de arquitecto o por el rol de administrador;
3 - pág. 85 y también con la dualidad "estratégico-operativo" que plantean Kaplan y Kaiser en su libro *¡Cuidado con sus virtudes!* (Empresa activa, 2013). Sin embargo, en el modelo de Warren dicha distinción, que consideramos muy importante, queda un tanto "opacada", reducida a una diferenciación dentro del campo de EMPUJE Y MAESTRÍA EN LA TAREA.

Nuestro esquema interpretativo de los párrafos precedentes se resume en el gráfico inicial, en donde:

I. EMPUJE Y MAESTRÍA EN LA TAREA (positivo) es compatible con

II. INTELIGENCIA SOCIAL Y TRABAJO EN EQUIPO (positivo). Su combinación da lugar a un alto desempeño.

- Además, I. (positivo) es compatible con III. DOMINANCIA (negativo), y II (positivo) es compatible con IV. DEFERENCIA (negativo).

  Ambas combinaciones, I y III (*left sider*) y II y IV (*right sider*), alcanzan un desempeño medio.

El modelo de Warren tiene cierta relación con el "*grid* gerencial" de Blake y Mouton: M 28 - pág

- EMPUJE Y MAESTRÍA EN LA TAREA puede identificarse con ORIENTACIÓN POR LA PRODUCCIÓN (POR LA TAREA Y LOS RESULTADOS), mientras que II. INTELIGENCIA SOCIAL Y TRABAJO EN EQUIPO con ORIENTACIÓN POR LAS PERSONAS. Justamente la combinación de I. y II. tiene analogía con el 9.9, el único estilo mejor según el *grid*, que integra un alto nivel en ambas orientaciones.
- En línea con lo antedicho, el *left sider* tiene cierta correlación con el 9.1 del *grid* y el *right sider* con el 1.9, aunque en el *grid* este se presenta con características más negativas que las del *right sider.*

El modelo de Warren también se relaciona con la alternativa entre los estilos participativo y directivo. En efecto, cabe ubicar el primero como parte de II. INTELIGENCIA SOCIAL Y TRABAJO EN EQUIPO y al segundo como inherente a III. DOMINANCIA. Esto a su vez concuerda con el *grid*: alta orientación por las personas implica un estilo participativo; una baja, un estilo directivo. M 38 - pág

La obra contiene recomendaciones para mejorar el desempeño del líder. Al respecto destaca que el objetivo del proceso no es transformar la personalidad del individuo, sino modificar comportamientos específicos que atentan contra su eficacia. Aún más, se le pide al líder que comience por identificar un solo comportamiento a superar, lo cual habrá de requerir mucha práctica.

37

Estilos – Modelo desarrollado por Deloitte

Pionero
Conductor
Integrador
Guardián

Deloitte, la firma mundial de servicios de auditoría y consultoría, desarrolló un modelo de estilo gerencial/de liderazgo denominado *Business Chemistry*. En este módulo hacemos una síntesis de dicho modelo sobre la base del artículo "Pioners, drivers, integrators & guardians", publicado en *Harvard Business Review* de marzo-abril de 2017.

El modelo comprende cuatro dimensiones de características personales: el "pionero" (*pioner)*, el "conductor" (*driver)*, el "integrador" *(integrator)* y el "guardián" (*guardian).* El estilo de un gerente o líder se identifica con base en dichas dimensiones, en función de cuáles son sus características predominantes. En este orden, se dispone de un instrumento que debe responder el gerente o líder, cuyos resultados arrojan el puntaje correspondiente a cada dimensión. El estilo "primario" corresponde al puntaje mayor y el estilo "secundario" al puntaje siguiente. Pero el estilo, en sentido total, depende también del puntaje en las otras dos dimensiones.

Para bosquejar dichas dimensiones, a continuación incluimos la traducción libre (no literal) de ciertos párrafos del citado artículo:

- El *pionero* valora posibilidades y genera energía e imaginación en sus equipos. Está dispuesto a tomar riesgos y confiar en sus instintos. Focaliza el panorama global. Se aventura en ideas nuevas y enfoques creativos.

- El *conductor* valora el desafío y genera *momentum*. Prioriza el logro de resultados y es competitivo. Tiende a ver las cuestiones como "blanco y negro" y encara los problemas directamente, basado en la lógica y los datos.

- El *integrador* valora las relaciones interpersonales y el trabajo en equipo. Tiende a creer que la mayoría de las cosas son relativas. Es diplomático y se orienta a la búsqueda de consenso.

- El *guardián* valora la estabilidad y brinda orden y rigor. Es pragmático y se resiste a tomar riesgos. Para él son fundamentales los datos, los hechos y los detalles. Le otorga sentido al aprender sobre la base del pasado.

El modelo *Business Chemistry* es aplicable al comportamiento en el ambiente de trabajo. Las preguntas del instrumento referido más arriba se limitan a situaciones en dicho ambiente. En este orden, hace especial hincapié en el trabajo en equipo y la interacción del profesional con su cliente, con respecto al manejo de las relaciones teniendo en cuenta el estilo de los actores, en línea con lo que se expresa en el módulo TRABAJO EN EQUIPO Y LIDERAZGO.

M 64 - pág

El modelo tiene cierta analogía con otros dos modelos que comentamos en *Competencias, cambio y coaching* de la colección "Módulos de management" (Ediciones Granica, 2015): el *DISC* (módulo 40) y el de *estilos sociales* (módulo 44). A continuación relacionamos las respectivas dimensiones de dichos modelos.

DISC	Estilos sociales	*Business Chemistry*
Dominante, etc.	Conductor	Conductor
Inspirador, etc.	Expresivo	Pionero
Servicial, etc.	Afable	Integrador
Cauteloso, etc.	Analítico	Guardián

M 18 - pág

Cabe aclarar que las correlaciones entre dichas dimensiones son aproximadas, no absolutas.

Estilos – Participativo o directivo

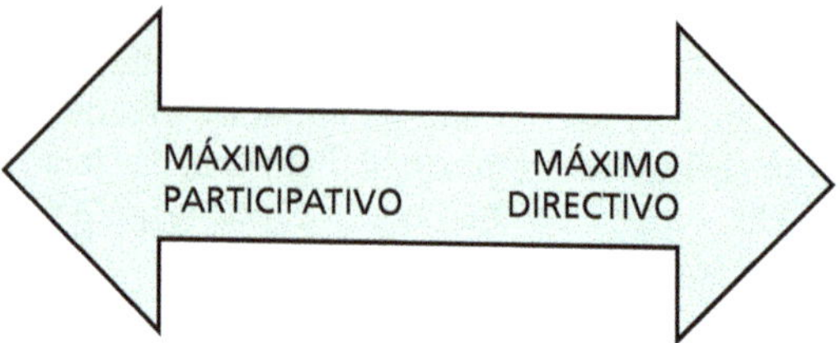

5 - pág. 83

0 - pág. 167

En el módulo ESTILOS - CONCEPTOS establecimos la distinción entre el "estilo" propiamente dicho, que es la inclinación general de la persona a comportarse de cierta manera, y el "comportamiento" puntual de la persona en una situación determinada. En este módulo apuntaremos al estilo de un gerente o líder en cuanto a la participación, especialmente con respecto al proceso de resolución de problemas y toma de decisiones. Pero cabe advertir que para definir el estilo de la persona necesitamos primero analizar su comportamiento. A su vez, en el análisis comenzaremos por la descripción de comportamientos para después proceder a su evaluación.

Descripción de comportamientos

Dado un sujeto responsable de una decisión y de un grupo de personas que pueden participar o no en dicha decisión, en cuanto al comportamiento del sujeto en el proceso de toma de decisiones cabe la alternativa de *directivo* o *participativo*, en mayor o menor grado. El sujeto puede ser un gerente y el grupo en cuestión sus colaboradores directos. Pero el planteo es aplicable a otros tipos de sujetos y a otros posibles participantes.

A continuación trataremos de aclarar los conceptos de directivo y de participativo. Pero antes es necesario destacar que no implican una simple opción polarizada del tipo "blanco o negro", sino que entrañan un continuo que va desde el extremo más directivo al otro extremo más participativo, con cualquier cantidad de puntos intermedios. El extremo directivo se da cuando el sujeto no participa al grupo en parte alguna del proceso decisorio, sino que se limita a comunicarle la decisión tomada. Y el extremo participativo ocurre cuando el grupo interviene plenamente a lo largo de todo el proceso decisorio y la decisión se toma por consenso. Los puntos intermedios pueden ubicarse en función de lo siguiente:

1. Con relación a las etapas del proceso, caben muchas opciones que van desde participar en una sola etapa (o en un segmento de ella) hasta hacerlo en todas las etapas.

2. En cualquier etapa o segmento del proceso, la cuestión no se limita a si participar o no, ya que el sujeto dispone de una gama de comportamientos: ordenar/dirigir, persuadir, consultar (pero el sujeto toma la decisión) o buscar consenso; o bien delegar, que va más allá de promover la participación.
3. Además, el grado de participación depende no solo de los comportamientos específicos del sujeto durante el proceso decisorio, sino también de la predisposición a participar de los demás. Y aquí juegan diversos factores, uno de los cuales (habitualmente muy influyente) es el comportamiento previo del propio sujeto en cuanto a crear un marco favorable o desfavorable para la participación.

Aclaramos que en este planteo, que pretende ser descriptivo y no evaluativo, preferimos usar la palabra "directivo" porque suena más neutral que "autocrático" o "autoritario", que tienen un tono peyorativo.

Evaluación de comportamientos

Hoy en día, una fuerte corriente de pensamiento identifica *participativo* con positivo y *directivo* con negativo. Lo positivo o negativo puede basarse en distintas pautas de evaluación: si el comportamiento es eficaz, si responde a ciertos valores, etcétera. Particularmente, cuando la pauta de evaluación es la vigencia de ciertos valores, la identificación señalada se sustenta en que la participación constituye *per se* un valor fundamental.

Es evidente que al menos cierto tipo de situaciones justifica un comportamiento directivo, en cualquier contexto: en el deporte, en la familia, en la escuela, en la cárcel, en la empresa, etcétera. Lo que sí puede estar en discusión es la clase de situaciones que ameritan un comportamiento u otro.

A continuación tratamos de fundamentar dicho enfoque situacional con respecto a la participación.

I. Corresponde identificar cuáles son los atributos a tomar en cuenta para evaluar la calidad de un proceso de toma de decisiones, a saber:
   1. La eficacia de la decisión. Vale decir, que conduzca al logro de los objetivos que atañen al planteo del problema en cuestión.
   2. La motivación y el compromiso de los participantes en cuanto a colaborar efectivamente con la implementación de la decisión. M 58 - pá M 55 - pá
   3. La eficiencia del proceso. Mientras que la eficacia se refiere al producto del proceso, la eficiencia versa sobre la relación insumo-producto. Se persigue la eficacia, pero al menor costo posible. En este orden, un insumo crítico es el tiempo de los participantes.
   4. El aprendizaje de los participantes a lo largo del proceso. M 65 - pá
   5. Los efectos trascendentes del proceso sobre la situación de los afectados en materia de motivación, satisfacción, confianza, cooperación, etcétera.

II. Es razonable examinar en términos generales las ventajas y desventajas o limitaciones de la participación frente a dichos atributos (nótese la correlación entre la numeración de los atributos y la de los párrafos siguientes).

1. La participación de la gente entraña aumentar la cantidad de aportes. Y, en principio, cabe inferir que partiendo de una mayor cantidad de aportes se estará en mejores condiciones para tomar las decisiones más eficaces. Además, la interacción de los participantes permite la sinergia. Este es el fenómeno por el cual la influencia mutua genera nuevos aportes que los participantes no estaban en condiciones de ofrecer originalmente. Por ejemplo, dos personas pueden tener sendas ideas distintas para resolver un problema, pero la discusión entre ellas las lleva a concebir conjuntamente una tercera idea superior a las originales.

2. La participación activa de la gente en el proceso que lleva a una decisión tiende a desarrollar su motivación favorable y el compromiso de colaborar efectivamente en la implementación de la decisión. Esto es crítico cuando la decisión implica un cambio significativo en la situación de la gente y es
2 - pág. 170
probable que esta ofrezca resistencia al cambio.

3. Cuanto más participativo es el proceso de toma de decisiones, más tiempo tiende a consumir. Sin embargo, es posible que la falta de participación origine problemas de implementación, y que tales problemas ocasionen pérdidas de tiempo posteriores.

) - pág. 167

4. La participación de la gente es una forma de aprendizaje "en el terreno". La cuestión aquí es el costo de oportunidad, teniendo en cuenta el factor tiempo y las alternativas de aprendizaje.

5. En principio, la participación de la gente permite un desarrollo de la motivación, la satisfacción, la confianza, la cooperación, etcétera. Y una mejora en estos factores favorece a su vez la participación. De manera que se produce un efecto sinérgico. No obstante, esto puede tener sus limitaciones y, así como cabe el mencionado efecto sinérgico, también puede llegar a darse lo contrario: un círculo vicioso en donde una participación inadecuada ocasione desmotivación, insatisfacción, pérdida de confianza, etcétera.

En resumen, la conveniencia de un comportamiento participativo o directivo depende de la situación. Por lo tanto, la calificación de positivo o negativo no debe superponerse con el continuo de participativo-directivo, sino que constituye otra dimensión, otro eje. Sin embargo, cabe concluir que la participación es aconsejable en muchas situaciones, aunque no en todas.

Estilos participativo o directivo

3 - pág. 116

El estilo participativo o el directivo se dan cuando la persona tiene una inclinación general a ejercer comportamientos participativos o directivos, respectivamente. La conclusión de la sección precedente en materia de evaluación de comportamientos induce a pensar que, en general, el estilo participativo es preferible al directivo. No obstante, cabe argumentar que un estilo directivo puede ser conveniente en ciertos contextos, en donde las situaciones justifican comportamientos directivos en forma preponderante, y se supone que la persona que posee un estilo directivo dispone del perfil más apropiado para ello. Sin embargo, en el mundo actual este concepto tendría una aplicación bastante limitada, amén del riesgo de abuso. Entonces, en materia de estilo la balanza se inclina claramente en favor del participativo.

39

Estilos – Participativo o directivo - Contenido y proceso

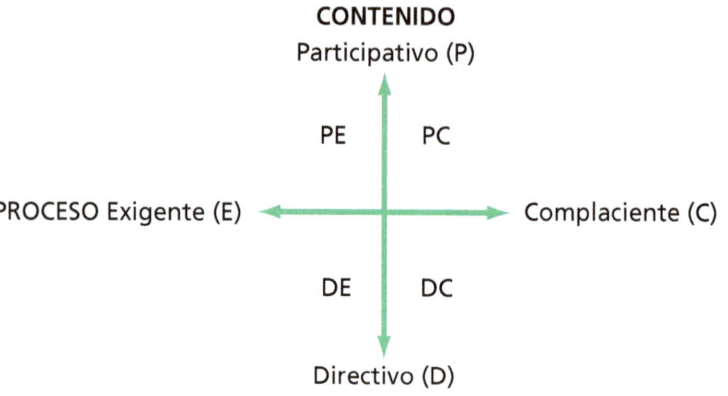

---

8 - pág. 116

En este módulo planteamos una distinción complementaria a la dimensión participativo o directivo que examinamos en el módulo respectivo, lo cual configura una matriz que da lugar a cuatro prototipos de estilos.

En la comunicación entre las personas cabe diferenciar el "contenido" del "proceso". El contenido es el "qué", es la "carne" de la reunión. Se compone de las cuestiones que se plantean, de la información que se incorpora, de las ideas que se generan, de las evaluaciones que se formulan y de las conclusiones que se logran.

El proceso es el "cómo", es la forma en que fluye el contenido. Dentro del proceso cabe diferenciar cuatro aspectos:

1. La disciplina básica, referente a normas de conducta de los participantes cuyo cumplimiento es fácilmente verificable: respeto del horario, bloqueo de interrupciones de terceros, respeto del uso de la palabra, exclusión de diálogos paralelos, etcétera.
2. La arquitectura del proceso, acerca de cómo se va armando el contenido: orientación al objetivo, secuencia lógica, sincronización de las intervenciones, etcétera.
3. La productividad de las intervenciones individuales: eliminación de redundancias, intervenciones cortas y concretas, etcétera.
4. El clima de las relaciones interpersonales: ambiente de confianza y de respeto, cordialidad, espíritu de cooperación, manejo adecuado del conflicto, actitud receptiva, saber escuchar, etcétera.

6 - pág. 60

Dada dicha diferencia entre contenido y proceso, un gerente puede ser, por un lado, participativo o directivo en el contenido y, por otro lado, exigente o complaciente en el proceso. Estas alternativas dan lugar a la matriz que figura en el gráfico inicial.

Un gerente puede tener un estilo PE: participativo en el contenido y exigente en el proceso. En cuanto al proceso, en general es preferible ser exigente, porque así se promueve la eficacia y la eficiencia en este aspecto, lo cual tiende a favorecer la calidad del contenido.

Un riesgo del estilo exigente en el proceso es que los colaboradores lo interpreten como directivo en el contenido. Este riesgo se puede incrementar por lo siguiente. Los elementos que componen la disciplina básica son claramente diferenciables del contenido. En general, cabe hacer una observación acerca de cualquiera de ellos (por ejemplo: "por favor, no me interrumpas") sin hacer referencia en absoluto al contenido. En cambio, los elementos que componen los otros tres aspectos del proceso suelen estar mezclados, en mayor o menor grado, con el contenido. Es dable que una observación acerca de ellos (por ejemplo: "no te vayas por las ramas") implique cuestiones también vinculadas al contenido. El gerente que pretenda emplear un estilo PE debe tomar en cuenta dicho riesgo y buscar que sus colaboradores tengan bien en claro la diferencia entre contenido y proceso, las ventajas de cierto rigor en cuanto al proceso, y el rol del gerente al respecto.

Una alternativa es que el gerente utilice los servicios de un "facilitador", transfiriendo a este la responsabilidad de la gestión del proceso. Entonces el gerente puede participar en el contenido, en principio a la par de sus colaboradores, pero liberado de la problemática del proceso, que queda en manos del facilitador. La conveniencia de esta alternativa depende de la agenda, el clima y la cultura del grupo y del estilo del gerente. En particular, puede ser un buen recurso para cierto tipo de reuniones.

40

Estilos – Percepción y valoración de jefes y colaboradores

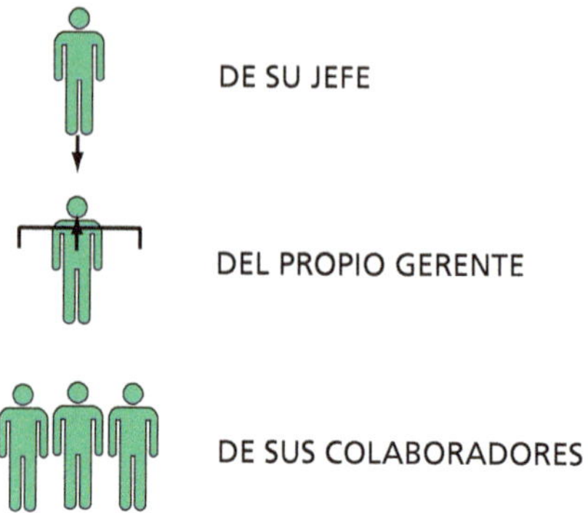

8 - pág. 91

Con respecto al *grid* de Blake y Mouton, hemos observado lo siguiente: con frecuencia, el superior de un gerente tiene más posibilidades de percibir y más tendencia a valorar su preocupación por la producción que por las personas. Esto es así porque para el superior el producto o resultado del gerente suele ser más crucial y más visible que su comportamiento con los de abajo, al menos en el corto plazo.

Lo antedicho puede ubicarse en un esquema general que enfoca tres niveles: los colaboradores (Cs), el jefe de ellos (J) y el jefe del jefe (JJ). El esquema es aplicable a cualquier cadena de tres niveles, ya sea en la parte alta, media o baja de la pirámide organizacional; por ejemplo: director general – director de producción – gerentes de plantas; o bien director de producción – gerente de planta – jefes de sectores, etcétera.

La dificultad del JJ para percibir y valorar la preocupación del J por sus Cs puede verse agravada por los factores siguientes:

1. Es bastante común que el J cuide más su relación humana con el JJ que con sus Cs.
2. En la relación entre el J sus Cs es habitual que, salvo en momentos especiales, el J le preste más atención a la supervisión de la tarea que a sus consecuencias personales para los Cs (atracción de la tarea, efecto en la evaluación, las recompensas, etcétera); en tanto que los Cs son naturalmente más sensibles a estas consecuencias. Por lo tanto, los Cs tienden a ser más críticos que el J respecto de la preocupación de este por la gente.
3. Puede ocurrir que el JJ prefiera hacer la "vista gorda" a los problemas humanos del J con sus Cs, con tal de que resuelvan el cumplimiento de la tarea.

Suele haber gerentes que son altamente valorados por sus superiores, pero bastante menos por sus colaboradores, especialmente acerca de la dimensión humana. Puede que esta ambivalencia no ofrezca dificultades para la organización en el corto plazo. Sin embargo, a mediano o largo plazo representa un problema serio, sobre todo en el entorno actual, en el que la motivación de la gente es tan importante para el éxito de la organización.

Tales situaciones suelen ser muy difíciles de manejar. La idea central no es descalificar a los gerentes que presentan limitaciones o puntos para mejorar en cuanto a su preocupación por las personas; muy por el contrario, la idea es ayudarlos. Pero el intento de ayuda suele tropezar con dificultades importantes:

1. Cómo objetivar los problemas entre el J y sus Cs, sin caer en habladurías entre el JJ y los Cs.
2. Cómo el JJ debe encarar la ayuda al J, sin desmotivarlo y manteniendo el reconocimiento de su alta preocupación por la producción.
3. Cómo manejar todo esto en un ambiente de equidad, tanto sustancial como formal, cuando median presiones competitivas intersectoriales entre los propios miembros del primer nivel que llevan a sobreproteger a sus respectivos "ahijados" del nivel siguiente.

No hemos encontrado soluciones claras a los problemas indicados. Sin embargo, hay varios caminos que pensamos que vale la pena tener en cuenta:

- Flexibilizar la organización, de manera que las reglas (generalmente no escritas) acerca de con quién se pueden hablar los problemas sean lo más abiertas posible, dentro de un cierto marco de ética y de eficiencia.
- Utilizar medios adicionales para pulsar formalmente la opinión de la gente, como son las encuestas, el sistema de evaluación denominado "360° feedback", etcétera.
- Que el JJ predique con el ejemplo.
- Frente a situaciones concretas de comportamientos inadecuados por parte del J en cuanto a la relación humana con sus Cs, el JJ debe dar señales concretas orientadas a discontinuarlos, lo cual repercute efectivamente sobre el sistema de premios y castigos.

41

Estilos – Teorías "X" e "Y" de McGregor

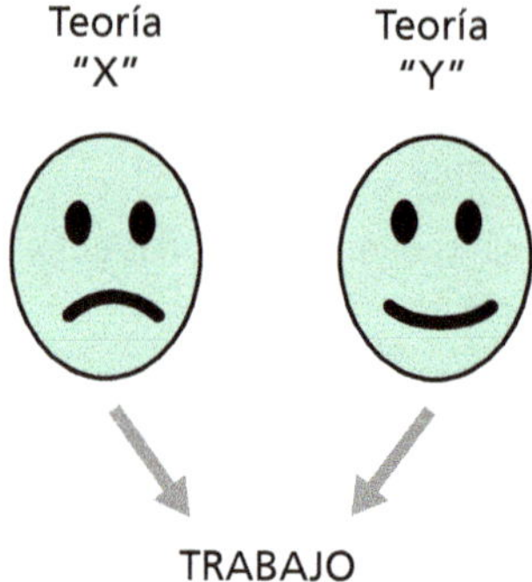

En su clásico libro *El aspecto humano de las empresas* (Diana, 1969), Douglas McGregor plantea que el comportamiento de los gerentes depende en gran medida de sus supuestos (explícitos o tácitos) acerca de la actitud de los colaboradores respecto del trabajo.

En este orden, distingue dos teorías de la naturaleza humana:

- La teoría "X" supone que, en general, a las personas no les atrae el trabajo. En consecuencia, hay que dirigirlas, controlarlas y manejar su motivación extrínseca para que cumplan con sus tareas.
- La teoría "Y" supone que bajo determinadas condiciones a la gente le gusta trabajar y es capaz de ser autorresponsable. Por lo tanto es fundamental crear tales condiciones y apelar a la motivación intrínseca.

3 - pág. 161

Estas dos teorías se pueden plantear como dos visiones opuestas del fenómeno de la motivación, pero asimismo constituyen dos estilos distintos de liderazgo gerencial. En otras palabras, la hipótesis acerca de la presunta actitud del liderado implica cierta predisposición en cuanto a cómo ejercer el liderazgo.

A continuación puede verse un cuadro comparativo entre los supuestos de cada una de estas teorías.

Supuestos de la teoría "X"	Supuestos de la teoría "Y"
El ser humano siente una resistencia intrínseca hacia el trabajo y lo evitará siempre que pueda.	El desarrollo del esfuerzo físico y mental en el trabajo es tan natural como el juego o el descanso.
El control externo y la amenaza de castigo son los únicos medios de encauzar el esfuerzo humano hacia los objetivos de la organización.	El ser humano debe dirigirse y controlarse a sí mismo en servicio de los objetivos a cuya realización se compromete.

Supuestos de la teoría "X"	Supuestos de la teoría "Y"
Las personas tienden a soslayar responsabilidades, tienen relativamente poca ambición y desean más que nada su seguridad.	El ser humano ordinario se habitúa, en las debidas circunstancias, no solo a aceptar nuevas responsabilidades sino a buscarlas.
La gente prefiere ser dirigida; necesita que otros le digan qué hacer y cómo hacerlo.	La capacidad de desarrollar en grado relativamente alto la imaginación, el ingenio y la capacidad creadora para resolver los problemas de la organización es característica de grandes, no pequeños, sectores de la población.
Los empleados harían muy poco por la empresa si no fuera por la dirección.	Los empleados se comprometen a la realización de los objetivos de la empresa por las compensaciones asociadas con su logro, incluido el reconocimiento de sus méritos.
Las personas son ingenuas, crédulas y están mal informadas.	En las condiciones actuales de la vida industrial las potencialidades intelectuales del ser humano están siendo utilizadas solo en parte.

Vale aclarar que según McGregor la teoría "Y" no implica necesariamente la toma de decisiones por consenso, ni tampoco es un argumento en contra del uso de la autoridad. En dicha teoría la autoridad formal se tiene en cuenta como una de las muchas formas en que un jefe ejerce el liderazgo.

McGregor estaba decididamente a favor de la teoría "Y", no solo por razones humanistas. Argumentaba que la teoría "X" era la culpable de una gran improductividad, al no aprovechar el tremendo potencial de los recursos humanos. Además, sostenía que esa teoría tiene mucho de *profecía autocumplida*: si el gerente trata a sus colaboradores en línea con la teoría "X", tal comportamiento tiende a provocar que ellos respondan negativamente, o sea confirmando la teoría del gerente, lo que constituye un verdadero círculo vicioso.

McGregor hizo su propuesta a la comunidad empresaria en la década iniciada en 1960. Fue un verdadero pionero al respecto. A lo largo de los años, la teoría "Y" ha ido ganando mucho terreno; no solo por la conversión intelectual, sino también porque la dinámica del mundo moderno abona en favor de las concepciones de dicha teoría. Sin embargo, todavía hay resabios de la teoría "X", sobre todo en la práctica real del management. Aún hoy, si uno profundiza, puede descubrir que muchos gerentes tienen modelos mentales que entrañan la teoría "X", en mayor o menor grado, aunque no lo reconozcan. Por otra parte, corresponde darle cabida al concepto de liderazgo situacional, el cual sostiene que el comportamiento del líder debe adaptarse a las necesidades de la situación; y que en este sentido un factor importante a tomar en cuenta está dado por las características de las personas objeto de liderazgo. Entonces, por más que inclinemos la balanza a favor de la teoría "Y", debemos admitir que ciertos individuos lamentablemente responden más a la teoría "X".

42

Liderazgo situacional – Autores

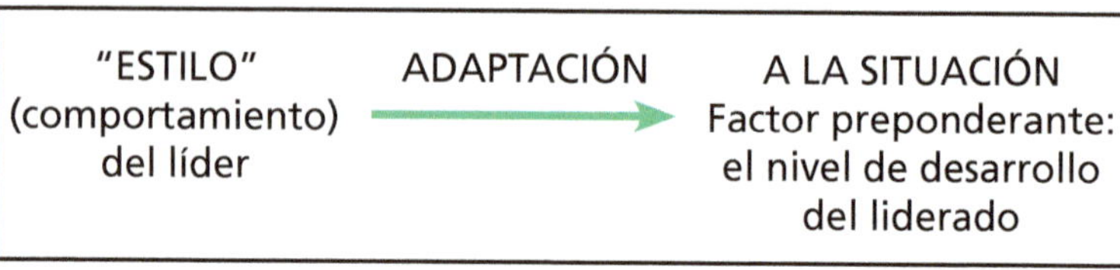

El modelo de liderazgo situacional más difundido fue desarrollado originalmente por Paul Hersey y Ken Blanchard. Plantea la relación de liderazgo entre un líder y sus "seguidores" (*followers*) o liderados. En tal relación, no necesariamente el líder es el jefe y los seguidores son sus colaboradores. El liderazgo (influencia) puede ser entre pares o incluso de un colaborador hacia su jefe. Sin embargo, la principal aplicación del modelo es acerca del liderazgo del jefe con sus colaboradores; o sea, el liderazgo gerencial.

5 - pág. 83

El modelo emplea el término "estilo" para definir un comportamiento específico del líder; no en el sentido de inclinación general de la persona, como lo usamos nosotros. En todo el desarrollo del tema es importante tener en cuenta esta diferencia semántica.

3 - pág. 150

El modelo sostiene que el líder, para ser eficaz, debe adoptar distintos estilos dependiendo de la situación. Se reconocen diversos factores a tomar en cuenta en cada caso: el nivel de desarrollo del seguidor, la cultura de la organización, las expectativas de los superiores del líder, las características del propio líder, la naturaleza de la tarea, la urgencia, etcétera. Sin embargo, por razones de simplicidad, el modelo se concentra en el primero de los factores que considera fundamental: el nivel de desarrollo del seguidor.

Dicho nivel, a su vez, depende de dos condiciones: la motivación o interés, y la capacidad o competencia del seguidor con respecto a la tarea a realizar. Sobre esta base se identifican distintos niveles de desarrollo. La idea central es que a cada nivel de desarrollo le corresponde un particular estilo (comportamiento) del líder.

Hersey y Blanchard no han sido los únicos en proponer un modelo de liderazgo situacional. Ellos mismos, en la obra que citamos más adelante, reconocen los aportes de Tannenbaum y Schmidt (continuo de comportamiento del líder), de Fiedler (modelo de contingencia) y de otros autores. Sin embargo, Hersey y Blanchard son quienes han tenido mayor trascendencia. Por ello, a continuación nos concentraremos en su obra.

Los autores trabajaron en equipo durante muchos años, pero luego se distanciaron. Ambos formaron por separado sus respectivas firmas de capacitación, que compiten entre sí. No obstante, continuaron publicando juntos su gran libro de cabecera, *Administración del comportamiento organizacional – Liderazgo situacional*, cuya séptima edición en castellano (Prentice Hall, 1998) agrega un tercer autor: Dewey E. Johnson. Por otra parte, ambos han publicado por separado sendos libros cortos de divulgación:

- Hersey, *El ejecutivo eficaz* (IDH Ediciones, 1985).
- Blanchard, con Patricia Zigarmi y Drea Zigarmi, *El líder ejecutivo al minuto* (Ed. Grijalbo, 1986).

Es interesante mencionar que Hersey y Blanchard son autores también de *Padres e hijos* (IDH Ediciones, 1981), que propone la aplicación de liderazgo situacional en la relación entre progenitores (líderes) y descendientes directos (seguidores).

A quien pretenda profundizar el tema en el ámbito de las organizaciones, le recomendamos el largo libro (de 627 páginas) citado en primer término. Para una lectura más ligera, la obra de Blanchard, Zigarmi y Zigarmi es muy conveniente: tiene solo 150 páginas, y es muy clara y entretenida.

Existen ciertas diferencias, algunas conceptuales y otras de terminología, entre el modelo que figura en el libro de Hersey, Blanchard y Johnson y el que se postula en el de Blanchard, Zigarmi y Zigarmi, pero no es nuestra intención analizarlas aquí. Pensamos que lo más práctico es concentrarnos en el segundo, que ha tenido una gran divulgación. Para simplificar, haremos referencia solo a Blanchard. Por otra parte, en otro módulo se ofrecen ciertas observaciones sobre este modelo.

M 46 - pág
M 47 - pág

43 Liderazgo situacional – Ciclo de desarrollo y ciclo regresivo

---

6 - pág. 134

La idea es que el líder aplique el estilo preferible (1, 2, 3 o 4) en la situación actual. Sin embargo, con relación al futuro, el modelo propugna que el líder en general debe tratar de apuntar a que el seguidor alcance tarde o temprano el nivel 4 de desarrollo. Esto es lo mejor, no solo para el seguidor, sino también para el líder. En efecto, al aplicar eficientemente el estilo 4 de delegación, el líder libera tiempo para dedicarse a otras prioridades.

Precisamente, la manera de que el seguidor logre el nivel 4 de desarrollo no es que el líder aplique indiscriminadamente el estilo 4 en el momento actual. Al contrario, debe utilizar el estilo 1, 2 o 3, según corresponda, para ir llevando gradualmente al seguidor hacia el nivel 4.

Empero, a pesar del objetivo, bien puede ocurrir que el seguidor retroceda en su nivel de desarrollo, en vez de avanzar. Un caso típico es el seguidor que estaba en nivel 4, pero baja a nivel 3 porque pierde interés por algún motivo. Entonces ¿qué tiene que hacer el líder?: seguir aplicando el modelo, gradualmente, pero en sentido contrario. Por ejemplo, en el caso citado, si el seguidor bajó de 4 a 3, lo que corresponde es emplear el estilo 3 (preguntarle qué le pasa, etcétera); no comenzar por darle instrucciones detalladas (estilos 2 o 1).

El análisis del ciclo regresivo conduce a ciertas cuestiones interesantes: ¿qué pasa si el seguidor, que en su desarrollo respecto de la tarea había involucionado del nivel 4 al 3, empeora? Digamos que retrocede al nivel 2 y, si sigue empeorando, al nivel 1. Es probable que el problema sea de interés, no de competencia. Habitualmente, una persona no pierde competencia para una tarea determinada, salvo cuando media un círculo vicioso de *pérdida de interés – no entrenamiento – pérdida de habilidad.*

En tal ciclo regresivo pareciera ser que los niveles 2 y 1 no corresponden a los prototipos establecidos por Blanchard. Llevando las cosas al extremo, el nivel 1 no sería el del aprendiz entusiasta de Blanchard (poca competencia, mucho interés), sino el de alguien con un interés altamente negativo. Por ejemplo, una persona competente para la tarea, pero con graves problemas repetitivos en el cumplimiento de sus obligaciones básicas. Téngase en cuenta que la calificación del nivel de desarrollo es acerca de una tarea específica. Y, si estamos hablando del ciclo regresivo, la competencia respecto de la tarea establecida no suele ser el problema en cuestión (puede serlo, en cambio, en una tarea nueva).

De todos modos, el modelo parece seguir funcionando: si el seguidor involuciona de 3 a 2, corresponde aplicar el estilo 2; y si continúa cayendo de 2 a 1, no hay más remedio que recurrir al estilo 1. Pero este estilo representa algo muy distinto del 1 para el aprendiz entusiasta, prototipo natural del comienzo del ciclo de desarrollo. En los párrafos que siguen examinaremos esta distinción.

En general, el comportamiento rector del líder se justifica por el déficit de competencia del liderado, en tanto que el comportamiento seguidor es apropiado cuando el liderado cuenta con la competencia pertinente. Además, el comportamiento seguidor (preguntas, apoyo emocional, etcétera) favorece el manejo de los problemas de interés. Sin perjuicio de ello, en el ciclo regresivo, el comportamiento rector puede ser el último recurso para encarar problemas serios de interés por parte del liderado. Por ejemplo, si este bajó del nivel 3 al 2, aumentar el comportamiento rector sin abandonar dosis importantes de comportamiento seguidor (estilo 2). Y más tarde, si el liderado persiste en sus problemas o si estos se agravan (hasta culminar en el nivel 1 de desarrollo), reducir el comportamiento seguidor y concentrarse en el comportamiento rector (estilo 1): instrucción detallada y supervisión estrecha. Pero aquí el comportamiento rector apunta a problemas de interés, no de competencia, como es normal en el ciclo de desarrollo.

Una aclaración: no estamos postulando apresurar el estilo 1 en el ciclo regresivo. Al contrario, es conveniente ser fiel al gradualismo: de 4 a 3, de 3 a 2 y de 2 a 1. Solo estamos diciendo que, habiendo aplicado debidamente el estilo 2 sin resultados positivos, hay un punto de inflexión que amerita apelar, como último recurso, al estilo 1 (la cuestión es cuándo). Tal cambio es coherente con un principio básico de influencia: en general, y a partir de cierto punto, no es conveniente seguir intentando lo que no ha dado resultados. Además, dicha apelación al estilo 1 (concentración en comportamiento rector) reconoce que a partir del punto de inflexión el comportamiento seguidor (por ejemplo, brindar apoyo emocional) puede influir negativamente, desde el punto de vista del régimen de premios y castigos.

El retroceso al estilo 1 tiene sus peligros: el seguidor puede reaccionar peor, tanto desde el punto de vista personal como en el cumplimiento de la tarea. Pero aquí hay que tener clara la alternativa:

A. Insistir en que el seguidor continúe con la tarea.

B. Buscar otra solución: abandonar la tarea, asignar a otra persona, etcétera.

Según la situación, convendrá el curso de acción A o el B. Pero si con fundamento se mantiene A, en general no hay más remedio que recurrir al estilo 1. Claro está que si este fuese contraproducente, entonces es preferible optar por B. Lo lógico es tener claro el objetivo y proceder en consecuencia. Lo incoherente es mantener A, pero insistir en un estilo que ha demostrado ser ineficaz.

44 Liderazgo situacional – Conceptos básicos

El liderazgo adecuado depende de la situación

Respecto de muchas cuestiones, especialmente en materia de liderazgo y comportamiento humano, corresponde distinguir tres niveles en cuanto al grado de generalización de cualquier respuesta a la cuestión planteada:

1. La generalización absoluta, constituida por una respuesta categórica a favor de una u otra posición, sin condicionamiento alguno. Por ejemplo, sostener que el comportamiento de un líder siempre debe ser participativo.

3 - pág. 116 ◂••

2. El enfoque situacional, en el que la respuesta depende del tipo de situación, pero de todos modos hay margen para generalizar, pues cabe identificar los factores situacionales para definir si conviene un camino u otro.
3. El rechazo de cualquier generalización, porque la respuesta adecuada depende de cada caso específico.

Las generalizaciones con el agregado de "en general" o "excepto..." constituyen un nivel intermedio entre 1 y 2. Aquí lo crucial es el alcance de las excepciones:

- Si es muy limitado, la respuesta se aproxima al Nivel 1.
- Si es muy amplio, la respuesta tiende a solaparse con el Nivel 2.

Al respecto podemos decir:

1. Gran parte de las generalizaciones absolutas constituyen reduccionismos falaces; o bien, si son válidas, muchas de ellas entrañan perogrulladas que carecen de valor agregado.
2. En general, el conocimiento complejo demanda una gran dosis de enfoque situacional. La mayoría de las descripciones, predicciones, valoraciones y prescripciones están condicionadas por factores que intervienen o pueden llegar a intervenir en la situación. Aquí es aplicable el aforismo de H.L. Mencken: *Para cada problema complejo hay una respuesta sencilla... y equivocada* (citado por Fernando Savater en el tercer capítulo de *La vida eterna* –Ariel, 2007–). Y agrega-

mos la máxima de Albert Einstein, que calibra lo dicho por Mencken: *Todo debe hacerse lo más simple posible, pero no más allá (Everything should be made as simple as posible, but not simpler).*

3. El rechazo de cualquier generalización entraña negar la posibilidad del conocimiento teórico. El verdadero aprendizaje implica que las personas integren la teoría con la práctica, la conceptualización con la experiencia. Lo cual a su vez implica, por un lado, generalizar a partir de situaciones particulares y, por otro, aplicar dicha generalización a nuevas situaciones particulares. Es un permanente proceso de ida y vuelta, de lo particular a lo general, y viceversa.

Por ejemplo:

- Proponer que un gerente siempre debe tomar decisiones consensuadas implica ignorar que en determinadas circunstancias ello puede ser contraproducente o incluso imposible. En cambio, es cierto que un buen gerente debe orientarse a los resultados; pero esto constituye una verdad de perogrullo.

- La conveniencia de delegar o no una tarea depende de muchos factores que juegan en la situación: competencia y motivación del liderado, urgencia de la tarea a realizar, riegos involucrados, etc. Sin embargo, cabe hacer generalizaciones válidas del tipo: *si la situación reúne tales condiciones, en principio es preferible…; pero, en caso contrario, lo más aconsejable suele ser…* E incluso profundizar, en términos conceptuales, el alcance de las aclaraciones como "en principio" o "suele".

- Si se argumenta que no corresponde hacer generalización alguna acerca de la conveniencia de delegar, no queda otra alternativa que remitirse a cada caso en particular. Y, de acuerdo con la hipótesis, el conocimiento resultante no necesariamente es aplicable a casos posteriores.

El desarrollo del enfoque situacional es un factor importante del aprendizaje. Es bastante común la actitud de rechazar el conocimiento complejo, de preferir un concepto simplificador más de lo que corresponde. Esto es así por diversos motivos: evitar complicaciones, resaltar lo que interesa y nada más, etc. Superar tal actitud, lo cual requiere cierto esfuerzo, constituye un camino de aprendizaje enriquecedor.

45

Liderazgo situacional – Habilidades del líder

FLEXIBILIDAD

EFICACIA

---

2 - pág. 126

En materia de liderazgo situacional, la eficacia personal está dada por la medida en que el líder adopta el estilo adecuado para cada situación. La eficacia depende de dos habilidades fundamentales: la flexibilidad y la capacidad de diagnóstico.

9 - pág. 94

La flexibilidad personal es la disposición del líder para adaptarse a la situación aplicando distintos estilos. Por el contrario, la inflexibilidad es la tendencia del líder a usar siempre un mismo estilo, con independencia de la situación.

La flexibilidad es necesaria para la eficacia. Sin embargo, una persona puede ser muy flexible pero adoptar un estilo equivocado para la situación. La elección del estilo acertado depende también de la capacidad de diagnóstico acerca del nivel de desarrollo del seguidor.

Desde un punto de vista prescriptivo, el modelo de liderazgo situacional propone el estilo que debe adoptar un líder según la situación. Pero desde un punto de vista descriptivo, el modelo reconoce que cada persona tiene su propio grado de flexibilidad, que muchos líderes tienden al abuso de uno o más estilos en detrimento de los otros, más allá de lo que demanda la situación. En sustancia, esto remite a la inclinación del líder a comportarse de cierta manera; o sea, a su "estilo", en el sentido general que le damos a esta palabra.

A fin de mejorar la aplicación del liderazgo situacional, Hersey y Blanchard proponen que el líder tome conciencia de su flexibilidad, como condición necesaria, aunque no suficiente, para el proceso de mejora. A tal fin dichos autores han ideado un instrumento que contienen una serie de distintas situaciones específicas. Para cada una de ellas se plantean cuatro cursos de acción posibles. Cada curso de acción corresponde a uno de los cuatro estilos, pero el instrumento no explicita esta relación. Quien contesta el cuestionario, debe optar para cada situación por el curso de acción que más representa su *manera habitual de ser* (no lo que él considera que es mejor). El procesamiento de las respuestas arroja resultados que indican la flexibilidad de la persona, su inclinación a emplear un estilo más que otro.

El instrumento puede ser empleado también para que otras personas (jefes, pares, subordinados y otros) respondan cómo perciben la manera de ser habitual del líder objeto de análisis. Estas contestaciones brindan información adicional acerca de la tendencia del líder. Es como darle feedback al líder. En este orden, es interesante observar las diferencias entre la autopercepción del líder y la percepción de los demás, que ayudan al líder a tomar más conciencia de su tendencia, a fin de mejorar. Téngase en cuenta que el liderazgo de un supuesto líder depende más de la opinión de los seguidores acerca de él que del parecer del propio líder sobre sí mismo. Una vez que la persona recibe información acerca de su inclinación a emplear más un estilo que otro, con base en la devolución de los resultados del instrumento, queda mejor equipada para encarar un plan de desarrollo personal. Esto no es garantía de que la persona va a mejorar, pero sí la ayudará a hacerlo.

Por nuestra parte, hemos diseñado una guía que suele ser muy útil para que un gerente desarrolle su liderazgo personal. La idea es que él elija uno o más colaboradores y que, empleando la guía:

- Identifique las tareas fundamentales del colaborador.
- Califique el nivel de desarrollo del colaborador para cada una de las tareas identificadas, lo cual indica los respectivos estilos que debería emplear el gerente, conforme al modelo de liderazgo situacional.
- Compare dichos estilos con los que realmente está utilizando en la actualidad.
- Elabore un plan de cambio para superar las brechas que surjan de la comparación.

El gerente puede hacer dicho diagnóstico con la participación del colaborador o sin ella. La elección depende de diversos factores. En principio, la participación del colaborador es enriquecedora, pero conviene encararla solo si se dan ciertas condiciones, como:

1. Que el colaborador conozca el modelo de liderazgo situacional.
2. Que quede claro para ambas partes que el objetivo es analizar el comportamiento del líder y no el del seguidor.
3. Que el gerente esté dispuesto a prestarle atención al colaborador y a cambiar en consecuencia.
4. Que haya confianza mutua, sobre todo del colaborador en el gerente, como para que le brinde feedback genuino, sin temor a consecuencias desfavorables para él.
5. Que no medie ningún acontecimiento particular que entorpezca el proceso; por ejemplo, un conflicto importante pendiente de resolución entre el gerente y su colaborador.

46 Liderazgo situacional – Modelo de Blanchard

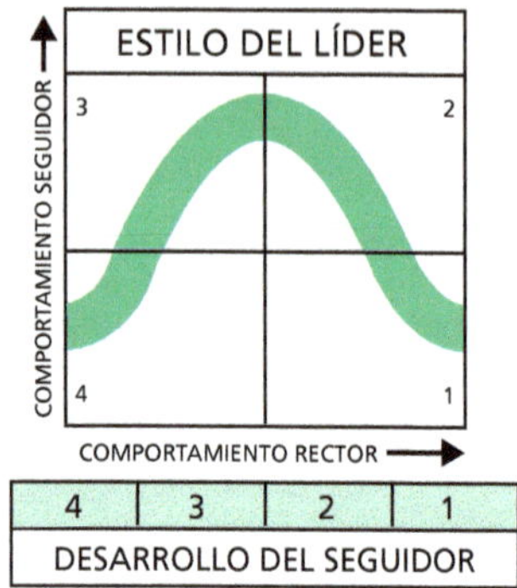

2 - pág. 126 El modelo de Blanchard responde a los conceptos básicos enunciados en los primeros cuatro párrafos del módulo LIDERAZGO SITUACIONAL – AUTORES.

Nivel de desarrollo del seguidor

Blanchard caracteriza el nivel de desarrollo del seguidor en función de dos factores: la competencia y el interés –con respecto a la tarea asignada–. La competencia incluye los conocimientos y las habilidades (en la edición en castellano se emplea erróneamente la palabra "práctica" como traducción de *skills*). El interés es una combinación de seguridad en sí mismo y motivación.

Es importante resaltar que el nivel de desarrollo se califica con relación a cada tipo de tarea específica y no acerca del seguidor en general. De esta manera, un seguidor puede tener un alto nivel de desarrollo para cierta tarea, pero uno bajo para otra. Por ejemplo, un vendedor muy competente y motivado para vender, puede ser incompetente y desmotivado para manejar los aspectos administrativos de la venta.

Sobre la base de dicha caracterización, Blanchard establece un continuo de cuatro niveles de desarrollo:

1. Muy poca competencia y mucho interés.
2. Alguna competencia y poco interés.
3. Mucha competencia e interés variable.
4. Mucha competencia y mucho interés.

Blanchard supone cierta evolución del nivel de desarrollo del seguidor. Parte de lo que él denomina "el aprendiz entusiasta": al comienzo, si bien carece de competencia, suele tener mucho interés (nivel 1). Al cabo de un primer período aumenta un poco su competencia, pero es habitual que aparezcan problemas de interés (nivel 2). Con el correr del tiempo es normal que logre mucha competencia, pero subsiste la alternativa en materia de interés (niveles 3 y 4). Dicha evolución implica dos dimensiones: la de la competencia que va creciendo de 1 a 4, y la del interés que se estima alto en los niveles 1 y 4, pero bajo o variable en los niveles 2 y 3. Sin embargo, no necesariamente se da esta serie de combinaciones entre competencia e interés. Por ejemplo, puede ocurrir que un incompetente total tenga muy poco interés, o que, luego de un primer período, quien comenzó como aprendiz entusiasta mantenga su interés, etcétera. Con la eliminación de posibles alternativas de combinación entre competencia e interés, Blanchard simplifica el modelo, y esto le permite ubicar en un solo eje las dos dimensiones que configuran el nivel de desarrollo del seguidor. Para reflejar todas las posibles alternativas de combinación de las dos dimensiones sería necesario recurrir a dos ejes.

M 47 - pág

Lo antedicho constituye una limitación del modelo. Sin embargo, cabe aceptarlo como el reflejo de una evolución de prototipos predominantes. En el módulo que contiene observaciones al modelo de Blanchard volveremos sobre este tema

Estilos del líder

Por otra parte, Blanchard distingue dos clases de comportamientos del líder:

- El *rector*, que consiste en decirle claramente a la persona qué debe hacer, cómo, dónde y cuándo, y supervisar luego estrechamente el cumplimiento.
- El *seguidor*, que consiste en escuchar a la persona, brindarle apoyo y ánimo en sus esfuerzos y, finalmente, darle facilidades para la resolución y toma de decisiones.

En la versión en castellano del libro de Blanchard la palabra "seguidor" se emplea con dos significados bien distintos: uno como traducción de *follower*, el liderado; el otro como traducción de uno de los dos tipos de comportamiento del líder, el de apoyo (en inglés, *supportive behavior*). Hubiese sido preferible evitar esta polisemia, que atenta contra la comprensión del texto.

Aquí sí Blanchard presenta las dos dimensiones en dos ejes, dando lugar al gráfico de cuatro estilos; o sea, cuatro comportamientos específicos:

1. *Dirigir* – El líder imparte órdenes específicas y supervisa de cerca el cumplimiento de las tareas.
2. *Instruir* – El líder, como en el caso anterior, manda y controla el cumplimiento de las tareas, pero además explica sus decisiones, pide sugerencias y fomenta los progresos.
3. *Apoyar* – El líder facilita y apoya los esfuerzos de los subordinados en orden al cumplimiento de las tareas, y comparte con ellos la responsabilidad por la toma de decisiones.
4. *Delegar* – El líder pone en manos de los subordinados la responsabilidad de la toma de decisiones y la resolución de problemas.

Otra aclaración acerca de la traducción: en el original en inglés, el estilo 2 se denomina coaching. En nuestra opinión, "instruir" no es una buena traducción, e incluso evoca más el estilo 1 que el estilo 2. Creemos que en la versión en castellano debió haberse mantenido la palabra original, porque no tiene un equivalente claro en nuestra lengua.

Elección del estilo del líder en función del nivel de desarrollo del seguidor

Blanchard sostiene que el líder debe emplear un estilo distinto de liderazgo (1, 2, 3 o 4) para cada nivel del seguidor respecto de la tarea (1, 2, 3 o 4).

En general, el comportamiento rector del líder pretende superar las limitaciones de competencia del liderado. En cambio, el comportamiento seguidor aprovecha la competencia del liderado y además apunta a mejorar o reforzar su interés. Nótese que en cuanto a comportamiento rector del líder su MUCHO busca cubrir la POCA o ALGUNA competencia del liderado, en tanto que el POCO se justifica cuando es MUCHA la competencia. Y con respecto al comportamiento seguidor del líder, su MUCHO es aplicable si el interés del liderado es POCO o VARIABLE, mientras que el POCO corresponde en el caso de MUCHO interés. En síntesis, el líder debe brindar lo que le falta al liderado. Esta es la esencia del liderazgo situacional.

Dos aclaraciones muy importantes:

- Se reconoce que para elegir el mejor estilo del líder hay que tener en cuenta otros factores además del nivel de desarrollo del seguidor: cultura de la organización, expectativas de los superiores del líder, características del líder, naturaleza de la tarea, urgencia, etcétera. Sin embargo, el modelo concentra la atención en el nivel de desarrollo del seguidor, porque parte de la hipótesis de que este suele ser el factor más importante.
- En cualquiera de los cuatro estilos, el líder debe cumplir con un mínimo de ciertas funciones. En este sentido, nos remitimos al módulo LIDERAZGO GERENCIAL EN TORNO A LA TAREA DE LOS COLABORADORES.

) - pág. 46

Tal correspondencia implica un gradualismo que puede visualizarse en el gráfico. En cuanto al estilo del líder, el gráfico muestra una curva (sombreada) que pasa gradualmente por dirigir, instruir, apoyar y delegar, en función de la combinación de comportamientos rector y seguidor (dentro de cada estilo, hay distintos grados de combinación). La idea gráfica es que en la situación actual el líder debe posicionarse en dicha curva ubicando el punto del nivel de desarrollo del seguidor y tirando una perpendicular desde dicho punto hacia arriba hasta encontrar el punto respectivo en la curva de estilo. Cuanto más a la izquierda está el nivel de desarrollo del seguidor, más a la izquierda debe posicionarse el líder en la curva de los estilos.

Liderazgo situacional – Modelo de Blanchard – Observaciones

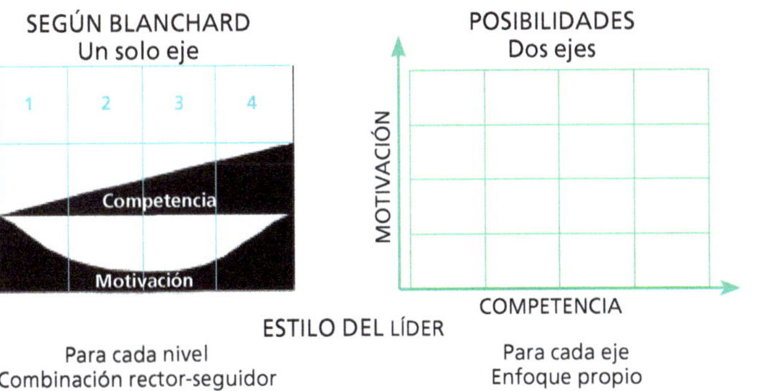

Más allá de algunas críticas que pueden hacerse al modelo de liderazgo situacional de Blanchard, pensamos que es muy valioso. Sin perjuicio de ello, opinamos que no se trata de aplicarlo literalmente. El modelo tiene sus limitaciones. En la vida real hay infinitas variables que este autor no contempla ni ha pretendido contemplar al proponer su modelo. De manera que nos parece mejor utilizarlo a título de guía general, de ayuda para pensar y actuar, y no como una fórmula rígida. En los párrafos siguientes haremos algunas observaciones que pueden ayudar en este sentido.

M 46 - pág

En cuanto al desarrollo del seguidor, conforme se indica en el gráfico que encabeza este módulo, el modelo de Blanchard presenta *en un solo eje o continuo* cuatro prototipos de nivel de desarrollo que implican ciertas combinaciones de competencia e interés: los niveles extremos (de la más baja y más alta competencia, respectivamente) dan por sentado un alto nivel de interés; en cambio, los niveles intermedios suponen un interés bajo o variable. Sin embargo, hay más combinaciones posibles que las incluidas en dicho modelo. En efecto, cualquiera de cada uno de los cuatro niveles de competencia puede ocurrir combinado con cualquiera de las posibilidades de grado de interés.

Con respecto al estilo del líder, más allá de las combinaciones esquemáticas entre comportamiento rector y comportamiento seguidor, cabe distinguir lo siguiente:

- Con respecto al comportamiento en sí, existe una amplia variedad de conductas específicas: persuadir, sugerir, opinar, informar, tirar ideas, ofertar, pedir, preguntar, participar, escuchar, etcétera. Combinaciones de estas conductas específicas dan lugar a categorías más generales, como dirigir, participar y delegar.
- Con referencia al foco del comportamiento, este puede ser orientado a la tarea (por ejemplo, brindar o pedir opinión acerca de cómo llevarla a cabo) u orientado a la persona (por ejemplo, indagar sobre su motivación o tratar de estimularla).

El comportamiento denominado "rector" es fundamentalmente directivo y controlante, orientado a la tarea. En cambio, el comportamiento denominado "seguidor" en cuanto a la tarea, además del comportamiento pertinente orientado a la persona, entraña promover la participación o delegar.

Ahora bien, si conjugamos lo dicho en los párrafos precedentes sobre el nivel de desarrollo del seguidor y el comportamiento del líder, es razonable sostener que, en principio:

- El comportamiento orientado a la tarea constituye una función de la competencia del seguidor. En este orden, corresponde elegir las conductas más convenientes que pueden ubicarse en el continuo que va desde un estilo 1 (dirigir), pasa por los estilos 2 y 3 (promover la participación, en mayor o menor grado) y culmina con el estilo 4 (delegar).
- El comportamiento orientado a la persona se concentra en el nivel de interés del seguidor. En este aspecto, en adición al comportamiento orientado a la tarea, el líder debe adoptar aquellas estrategias más aconsejables según la situación: indagar, estimular, reconocer, etcétera.

En síntesis, proponemos abrir el acople situacional en dos ejes:

- Por un lado, el comportamiento del líder orientado a la tarea, que depende de la competencia del seguidor.
- Y, por otro, el comportamiento del líder orientado a la persona, que apunta al interés del seguidor.

No obstante, deben contemplarse también las conexiones entre ambos ejes:

- Un acople inadecuado entre el comportamiento del líder orientado a la tarea y el nivel de competencia del seguidor tiende a perjudicar la motivación de este último. Por ejemplo, si se emplea un estilo directivo con una persona muy competente.
- 8 - pág. 161 El interés del seguidor comprende la motivación y la seguridad en sí mismo. Y esta, a su vez, está vinculada con el nivel de competencia.
- Hemos visto que en el ciclo regresivo el comportamiento rector, orientado a la tarea, puede ser un recurso para combatir cierto tipo de falta de interés.

0 - pág. 46 Corresponde agregar una observación importante, que se relaciona con las funciones del liderazgo gerencial en torno a la tarea de los colaboradores, a saber:

- Asignar la tarea.
- Brindar orientación y apoyo.
- Controlar la ejecución.
- Suministrar feedback.

- Evaluar el desempeño.
- Administrar el régimen de recompensas (premios y castigos).

Está claro que el ejercicio de las primeras tres funciones depende principalmente del nivel de desarrollo del seguidor. La asignación, la necesidad de orientación y de apoyo y el grado de control se deben adecuar a este, precisamente para promover o asegurar su mejor desempeño. Pero las otras tres funciones deben responder no tanto al supuesto nivel de desarrollo del seguidor, sino más bien a su desempeño, demostrado en la ejecución de la tarea.

48

Liderazgo situacional – Relación con el *grid* de Blake y Mouton

	Liderazgo situacional	***Grid* de Blake y Mouton**
MEJOR ESTILO	Depende de la situación	Único
CONCEPTO DE ESTILO	Comportamiento puntual	Inclinación general

---

En general, debemos tener cuidado con las falsas controversias, donde se polarizan exageradamente dos enfoques como si fuesen totalmente contrapuestos, cuando en sustancia el quid de la cuestión es tratar de integrarlos. A nuestro juicio, un ejemplo ilustrativo es la polémica en materia de estilo de liderazgo que surgió hace bastantes años y que aún parece subsistir en la mente de muchos:

- 8 - pág. 91 Por un lado, Robert Blake y Jane Mouton propugnaron la idea de un "único estilo mejor" que caracterizaron como 9,9 en función de su famoso *grid* gerencial.
- 2 - pág. 186 Por otro lado, Hersey y Blanchard entraron en escena con su concepto de *liderazgo situacional*, postulando que no existe un único estilo mejor, que el líder debe adaptar su estilo a la situación, que está determinada principalmente por el nivel de desarrollo del seguidor respecto de la tarea en cuestión.

Entonces surgió entre ambas partes una fuerte controversia, nutrida con el intercambio de escritos polémicos. Sin embargo, si se profundiza el análisis puede concluirse que hay muchos aspectos en que ambas partes están de acuerdo; es decir, que una porción importante de la controversia es falsa. El *grid* de Blake y Mouton se refiere al 5 - pág. 83 estilo general del gerente, en el sentido de su inclinación a comportarse de una manera determinada, más allá de lo requerido por la situación. En tanto que el modelo de liderazgo situacional de Hersey y Blanchard versa sobre 5 - pág. 83 comportamientos específicos en situaciones concretas. Es obvio que un gerente, partiendo del mismo grado de preocupación, puede adoptar inteligentemente comportamientos muy diversos según la situación. Y creemos que nadie, ni los propios Blake y Mouton, podrían discutir el carácter situacional del liderazgo, al menos hasta cierto punto. La discrepancia real queda circunscripta al mayor o menor reconocimiento de ciertos principios generales de buen management, que Blake y Mouton han enfatizado y que, a juicio de ellos, Hersey y Blanchard descuidan.

La clave de la cuestión, entonces, es examinar el grado de generalidad de dichos principios y brindar una conclusión al respecto. Es probable que, cualquiera sea esta, queda una importante zona de integración entre el *grid* gerencial y el liderazgo situacional.

Hecha la aclaración precedente, daremos nuestra opinión acerca del concepto de que el 9,9 es el estilo único mejor, unido a la aplicación de ciertos principios fundamentales. Compartimos que el 9,9 puede considerarse el estilo único mejor, al menos en la mayoría de las situaciones. Esto en el marco de un modelo que pretende caracterizar una actitud general, que deja margen de acción para que el 9,9 adopte distintos comportamientos dependiendo de la situación. Pero, precisamente, el enfoque situacional impone condicionamientos a los principios fundamentales que pretenden Blake y Mouton. En *Las conversaciones de trabajo*, de la colección "Módulos de management" (Ediciones Granica, 2014), en el módulo 29 analizamos tales condicionamientos. A modo de ejemplo, tomemos el principio número 6 de Blake y Mouton: *la resolución de conflictos se realiza a través de la confrontación directa, en lugar de a través de la supresión del allanamiento temporal de los compromisos o de cualquier tipo de manipulación*. En dicha obra decimos: *Cuando el conflicto es elevado, puede ser preferible que el jefe adopte un comportamiento dominante, para fijar límites a sus colaboradores a fin de controlar el conflicto. No se trata de renunciar a la participación, sino por el contrario de crear las condiciones en donde ella pueda practicarse efectivamente*. En ciertas circunstancias, la confrontación como remedio puede ser peor que la enfermedad. Hemos vivido situaciones en las cuales la confrontación, dada la naturaleza y gravedad del conflicto, empeoró las cosas, incluyendo casos que derivaron en agresiones físicas.

Dichos principios fundamentales están en línea con ciertas corrientes de pensamiento más recientes que hemos dado en llamar "idealismo normativo". En el Apéndice 1.1 de *El comportamiento humano en el trabajo* (Ediciones Granica, 2008) hemos esbozado cierta crítica a tales corrientes, porque descuidan la consideración de factores situacionales.

Otro aspecto a examinar del *grid* gerencial es su postulación de sinergia entre las dimensiones de *preocupación por la producción* y *preocupación por las personas*. Estamos de acuerdo con que debería ser así, sobre todo en el largo plazo. Sin embargo, aquí cabe traer a colación lo dicho en la sección anterior: en la práctica existe cierta tendencia a que una orientación o preocupación muy fuerte en una dimensión le quite espacio a la otra, sobre todo en el corto plazo.

49

Cambio organizacional y liderazgo

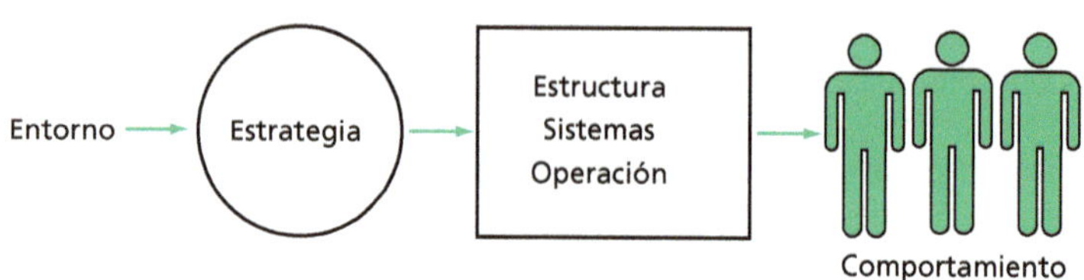

En en los capítulos 11, 12 y 13 de *El gerente: estratega y líder del cambio* (Ediciones Granica, 2015) tratamos la gestión del cambio organizacional. En el Capítulo 11 definimos "cambio organizacional", en sentido amplio, como la modificación sustantiva de cualquiera de los elementos componentes de la organización: la operación, la arquitectura (estrategia, estructura y sistemas) y las personas y su comportamiento. Allí sentamos ciertos principios generales, que un buen líder debe tomar en cuenta: la influencia del entorno, el rol de la estrategia, el enfoque sistémico (que desarrollamos en el Capítulo 12 de dicho libro), el enfoque situacional, la capacidad de innovación y el cambio efectivo en el comportamiento humano. Este último principio, tan importante como los otros, constituye un aspecto fundamental del liderazgo, en cuanto a su influencia directa sobre los miembros de la organización. Por ello merece aquí ciertos párrafos adicionales.

La implementación efectiva del cambio organizacional entraña, en última instancia, el cambio en el comportamiento de las personas. Los líderes del cambio deben tomar en cuenta sus posibles reacciones (resistencia, apoyo, indiferencia, etcétera) y adoptar todas las medidas adicionales que sea menester para reforzar dicho cambio en el comportamiento. Esto requiere un análisis adecuado de la disposición al cambio ("readiness") de los actores, tanto entre los propios líderes del cambio como en el resto de los actores. La aplicación exitosa de estos conceptos depende mucho del ejercicio del liderazgo gerencial correspondiente. En este orden, a continuación enunciamos ciertas pautas que deben tomar en cuenta los líderes del cambio:

- pág. 168

- Los líderes del cambio deben hacer un análisis de los factores de poder, teniendo en cuenta su propio poder y el poder de los demás actores. Según cual sea la situación, convendrá que el líder utilice una u otra fuente de poder (liderazgo, autoridad formal, recompensas, etc.).

- pág. 144

- Los líderes del cambio deben armar una fuerte coalición con las personas correspondientes a fin de consolidar el poder necesario para lograr el cambio perseguido.

- Los líderes del cambio deben demostrar fehacientemente su compromiso con el cambio propuesto. En este sentido, la prédica con el ejemplo es un vehículo fundamental.

En general, es preferible que el cambio organizacional se base en un estilo de liderazgo participativo, que promueva el desarrollo de una visión compartida y el empowerment de todos los miembros de la organización o del sector objeto de cambio. Sin embargo, las variables situacionales pueden hacer que sea necesario o conveniente un abordaje directivo de ciertas situaciones.

En general, los líderes del cambio pretenden una modificación en el comportamiento del resto de los miembros de la organización. Pero este cambio, a su vez, suele requerir que los propios líderes también modifiquen su comportamiento, a fin de crear las condiciones pertinentes, lo cual no necesariamente es asumido por los líderes.

- Una comunicación adecuada y constante es fundamental, y suele requerir:
  - La generación de insatisfacción en cuanto a la situación actual, pero contrarrestada psicológicamente por una visión atractiva acerca de la situación deseada, acompañada por planes de acción que tiendan un puente entre ambas situaciones.
  - El suministro regular de información acerca de la marcha del proceso, más el reconocimiento y festejo de los logros.
- Los líderes del cambio deben ejercer un monitoreo permanente del proceso de cambio y, en función del desarrollo de los acontecimientos, adoptar las medidas necesarias para reforzarlo o modificarlo.
- En los procesos de cambio es conveniente programar intervenciones que impliquen triunfos en el corto plazo, que refuerce la motivación de la gente en favor del rumbo propuesto.

En el Capítulo 13 del libro citado al inicio desarrollamos algunos temas adicionales acerca del cambio efectivo en el comportamiento humano: el alineamiento de la cultura con la estrategia, el lado humano del cambio en proyectos del sistema técnico, la resistencia al cambio, el manejo de la transición psicología y los factores organizacionales de la motivación.

M 53 - pág

Cambio organizacional y liderazgo – El proceso según Kotter

Campos de acción	Etapas según Kotter
Planeamiento estratégico	1 y 3
Lado humano del cambio	3, 4 y 8
Intervenciones en la estructura, los sistemas, etc.	5, 6 y 7

En su obra *El líder del cambio* (McGraw-Hill, 1997), John Kotter propuso un proceso en ocho etapas para gestionar exitosamente el cambio organizacional. En otros libros posteriores profundizó acerca de este proceso, cuyas etapas son las siguientes:

1. *Infundir el sentido de premura.*
   La fuente principal de la información al respecto es el análisis estratégico, tanto interno (fuerzas y debilidades) como externo (oportunidades y amenazas).

2. *Dar origen a la coalición orientadora.*
   La idea es conformar un grupo que disponga del poder suficiente para llevar adelante el cambio, y trabajar en equipo a lo largo de todo el proceso.

3. *Desarrollar una visión y una estrategia.*
   Se refiere a la visión de la situación deseada y a las estrategias para alcanzarla.

4. *Comunicar la visión del cambio.*
   La comunicación debe ser constante a lo largo de todo el proceso de cambio, utilizando distintos medios, según corresponda. Aquí la comunicación está ubicada en la cuarta etapa, pero es aplicable desde la primera etapa (infundir el sentido de premura) hasta la octava y última etapa (arraigar los nuevos enfoques en la cultura).

5. *Facultar a una base amplia para la acción.*
   Esto implica realizar todas las intervenciones necesarias en múltiples elementos de la organización (estructura, sistemas, etc.), incluyendo la superación de los obstáculos.

6. *Generar triunfos a corto plazo.*
   Elegir cambios que se puedan concretar exitosamente en el corto plazo, lograrlos y brindar los reconocimientos y recompensas pertinentes. La idea es fortalecer la confianza y la motivación de la gente respecto de todo el proceso de cambio.

7. *Consolidar las ganancias y generar más cambios.*
   Se trata de aprovechar la experiencia y la credibilidad logradas sobre la base de los cambios realizados, para encarar nuevos proyectos de cambio e involucrar más personas en el proceso.

8. *Arraigar los nuevos enfoques en la cultura.*
   Esta etapa se desarrolla con amplitud en el libro *El gerente: estratega y líder del cambio*, de Santiago Lazzati (Ediciones Granica, 2015), más precisamente en el capítulo 13, *Cambio efectivo en el comportamiento*.

En su obra más reciente, *Acelerar* (Conecta, 2015), Kotter denominó a las etapas "aceleradores" y tituló a la 4ª como *Reclutar un ejército de voluntarios* (incluyendo la comunicación) y a la 7ª como *Sostener la aceleración*. Este libro tiene propuestas novedosas al respecto.

En síntesis:

- Las etapas 1 y 3 forman parte del planeamiento estratégico.
- Las etapas 2 (coalición/ trabajo en equipo), 4 (comunicación) y 8 (alineamiento de la cultura) se refieren principalmente a lo que tratamos en la sección *El lado humano del cambio en proyectos del sistema técnico*, del Capítulo 13 del libro *El gerente: estratega y líder del cambio*. En dicha sección señalamos la importancia de la capacitación correspondiente como una de las intervenciones fundamentales en los procesos de cambio. Nosotros enfocamos todos estos factores no solo como etapas, sino también como *aspectos* a cubrir en distintos momentos a lo largo de todo el proceso.
- Las etapas 5 (primeros cambios) y 7 (cambios posteriores) se refieren a las intervenciones a realizar en los distintos elementos de la organización (estructura, sistemas, etc.), en línea con lo que proponemos en el capítulo 12 *Enfoque sistémico del cambio organizacional* del libro mencionado. La etapa 6 implica seleccionar de dichas intervenciones aquellas que habrán de lograr resultados en el corto plazo, apuntando a su influencia psicológica favorable.

	"Interno"	"Externo"
Coaching (en sentido estricto)	Jefe	Coach y/o mentor
Mentoring	Niveles superiores al jefe	

El *coaching* es una modalidad de aprendizaje en la cual alguien (el *coach*) ayuda a un miembro o a un grupo integrante de una organización (*coachee/s*) con el propósito de:

- Mejorar el desempeño.
- Resolver un problema personal o interpersonal.
- Superar una crisis.
- Encarar debidamente un desafío del contexto.
- Favorecer el crecimiento o la carrera personal.

Es normal que cualquiera de dichos objetivos implique el desarrollo de competencias y el cambio personal. Además, los objetivos suelen superponerse; por ejemplo, cuando mejorar el desempeño requiere resolver un problema personal, que a su vez implica una crisis, y todo esto afecta el crecimiento y la carrera a largo plazo.

En las organizaciones, el coaching puede ser ejercido por diversas personas:

I. El jefe del coachee u otro funcionario del nivel superior. En la concepción del management moderno se entiende que el jefe no solo puede, sino que también debe ejercer funciones de coach con sus colaboradores. Esto significa que el coaching forma parte del liderazgo gerencial.

II. Un coach especialmente asignado a la función, habitualmente durante un período determinado, con una cierta misión. Este coach suele ser un profesional externo a la organización, contratado al efecto; pero también puede ser un miembro de la organización especializado en la materia, generalmente un especialista del área de recursos humanos.

Dentro del concepto de coaching en sentido amplio cabe hacer la distinción entre:

A. El coaching en sentido estricto, dirigido fundamentalmente a una problemática actual o a desafíos de corto plazo.

B. El *mentoring*, que se orienta al desarrollo a mediano o largo plazo.

En el caso del coaching a cargo del jefe u otro funcionario de nivel superior (referido en I), en general se considera que el coaching en sentido estricto (señalado en A) es una responsabilidad del jefe, en tanto que el mentoring (indicado en B), de ser ejercido, le corresponde a una persona distinta del jefe, en principio alguien de un nivel superior.

El coaching a cargo del jefe suele tener limitaciones debido a que no todos los jefes tienen las competencias y la motivación correspondientes, amén de las restricciones de tiempo disponible. Las competencias requeridas incluyen conocimientos y experiencia en el ejercicio de coaching (principios, metodología, etcétera), conocimientos de diversas disciplinas aplicables al coaching (psicología, educación, etcétera), y habilidades intrapersonales e interpersonales (que radican en la personalidad, la inteligencia emocional, etcétera). Tales limitaciones pueden ser superadas o reducidas sobre la base de una capacitación adecuada y otras condiciones que favorecen el coaching, como ser el sistema de evaluación y recompensa. El liderazgo de la alta dirección juega un rol importante al respecto.

M 21 - pág
M 19 - pág

En cuanto a los destinatarios del coaching, cabe diferenciar:

1. El coaching individual para una persona determinada en función de sus necesidades específicas.

2. El coaching individual de un conjunto de personas a partir de un factor común, que puede ser:

   - Un proceso de transferencia al trabajo complementario de una actividad de capacitación.

   - El apoyo al plan de desarrollo disparado por un proceso de evaluación, como ser el de *feedback 360°*.

3. El coaching grupal, tendiente a mejorar la productividad de las reuniones, incrementar la participación en la toma de decisiones, desarrollar el trabajo en equipo, superar barreras defensivas, resolver conflictos, etcétera. Al respecto, nos remitimos al libro de la colección "Módulos de management" titulado *Conversaciones de trabajo*, de Santiago Lazzati (Ediciones Granica, 2013).

M 63 - pág
M 60 - pág
M 64 - pág

En general, el coaching opera en el ámbito de las organizaciones y su objeto es la problemática de trabajo. En cambio, la psicoterapia pertenece al plano personal y a cualquier orden de la vida. Sin embargo, el coaching puede tener que afrontar comportamientos cuya causa se encuentra en el terreno personal; por ejemplo, cierto rasgo de personalidad que afecta el desempeño del coachee. Aquí el coach debe mantenerse en el ámbito organizacional, pero no puede evitar la consideración de factores psicológicos no solo en el diagnóstico, sino también en la elección de las intervenciones correspondientes. En este orden, puede darse el caso de que el coach deba suspender el coaching porque lo aconsejable es recurrir a la psicoterapia. La existencia de dichos factores psicológicos tiende a incrementar las limitaciones que puede tener el jefe (señaladas más arriba) para ejercer debidamente el coaching, en comparación con un coach externo especializado (además, el coach externo bien puede ser un psicólogo).

En *Competencias, cambio y coaching*, de la colección "Módulos de management" (Ediciones Granica, 2015), más precisamente en los módulos 24 a 28, tratamos múltiples aspectos del coaching que son aplicables, en mayor o menor grado, al ejercicio del liderazgo gerencial.

Comunicación y liderazgo

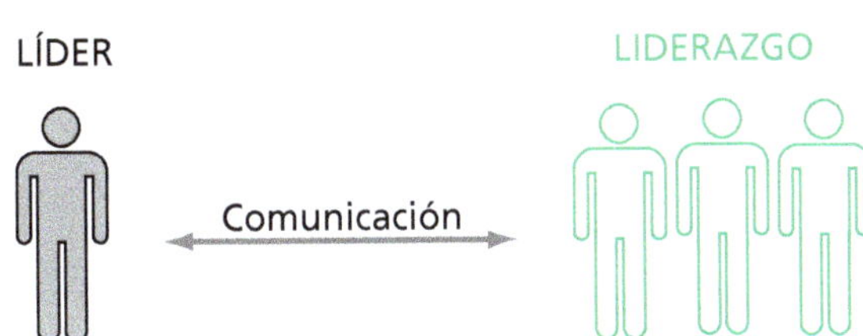

La comunicación efectiva es un factor fundamental del liderazgo, una de las competencias más importantes de un líder exitoso. En *Las conversaciones del trabajo*, de la colección "Módulos de management" (Ediciones Granica, 2014), en los módulos 1 a 26, tratamos múltiples aspectos de la comunicación, que son aplicables, en mayor o menor grado, al liderazgo. De estos módulos, en relación con el liderazgo merecen destacarse:

- El adecuado equilibrio entre las conductas asertiva y receptiva (módulo 5).
- La capacidad de escucha (módulo 10). M 16 - pág
- El dar y recibir feedback (módulos 11, 12, 13 y 26). M 10 - pág
- El marco mental del líder (módulo 18).
- El optimismo (*vs*. el pesimismo; módulo 19) y su implicancia en cuanto a las interacciones positivas (*vs*. las negativas; módulo 17) y la indagación apreciativa (módulo 16). M 14 - pág

53

Cultura organizacional y liderazgo

La cultura es un sistema de valores, creencias y comportamientos que propician la forma en que el trabajo se realiza en una organización. En este módulo no profundizaremos sobre aspectos técnicos de la cultura organizacional, sino en el papel que juega el líder en ella.

Por lo general pocas compañías suelen definir, explicitar y formalizar el tipo de cultura particular que necesitan para alcanzar los resultados propuestos. Cuando esto se hace suele existir una ventaja competitiva importante que promueve acciones para reforzar o cambiar los rasgos culturales predominantes.

Son los líderes de la organización quienes en definitiva crean o mantienen la cultura de la compañía. Ya que con su actuar ellos establecen la forma en la cual hay que hacer las cosas y hacen que los demás, por el fenómeno de imitación social, adopten sus valores, sus paradigmas y copien en forma sistemática sus comportamientos.

Muchos líderes surgen de las mismas organizaciones que luego dirigen, heredan una cultura y son forjados a imagen y semejanza de ellas. Por tal motivo, muchas veces es difícil que dichos líderes pongan seriamente en cuestionamiento la forma de hacer las cosas.

Según Edgard Schein, en su artículo *El liderazgo y la cultura organizacional*, el proceso de creación de cultura tiene lugar de tres modos:

1. Los líderes solamente contratan y conservan a los subordinados que piensan y sienten del mismo modo que ellos.
2. Adoctrinan a sus subordinados y los adaptan a su modo de pensar y de sentir.
3. Su propio comportamiento es un modelo de misión que alienta a los subordinados a identificarse con ellos y de ese modo interiorizar sus convicciones, valores y suposiciones.

Más allá de lo anterior, en muchas ocasiones determinados líderes no pueden escapar al trabajo de cambiar ciertos rasgos culturales que ya no son los más adecuados para lograr los resultados esperados. Para ello, definida la estrategia de negocio, el líder debe:

1. Determinar qué tipo de cultura se requiere para lograr los objetivos planificados.
2. Diagnosticar la cultura actual: existen diversas herramientas de diagnóstico, tales como las entrevistas, los cuestionarios culturales, los focus groups, etc.
3. Estipular qué rasgos culturales deben cambiarse: suele ser de utilidad elegir cambiar pocos aspectos, dado que el cambio cultural tiende a ser dificultoso.
4. Definir una serie de intervenciones de cambio para la evolución cultural.

El cambio debe apoyarse en acciones definidas en una serie de ejes: M 49 - pág

a. Redefinición de valores.
b. Acciones de liderazgo.
c. Cambios de estructura.
d. Cambios en los procesos.
e. Cambios en los sistemas y las políticas.
f. Actividades de formación. M 68 - pág

El líder, al intentar cambiar la cultura, debe gestionar el proceso procurando:

1. Involucrarse personalmente.
2. Comprometer a la alta gerencia en el proceso.
3. Contar con un agente que lidere el proceso de cambio.
4. Comunicar adecuadamente qué se busca cambiar, para qué se busca cambiar y cómo se hará todo el proceso. Indudablemente, la estrategia de comunicación debe variar en su contenido y en sus medios dependiendo de la audiencia o el nivel jerárquico del cual se trate.
5. Monitorear los avances: suelen utilizarse encuestas de clima o cultura para poder registrar percepciones de avance del proceso.

Hay corrientes de pensamiento que señalan que los cambios culturales ocurren de manera lenta. Otras señalan que pueden obtenerse cambios con cierta rapidez. Desde nuestra perspectiva, dado que los cambios dependen de la modificación del comportamiento de los líderes es probable que se den paulatinamente y que antiguos hábitos convivan con los nuevos durante un período prolongado.

54

Empowerment y liderazgo

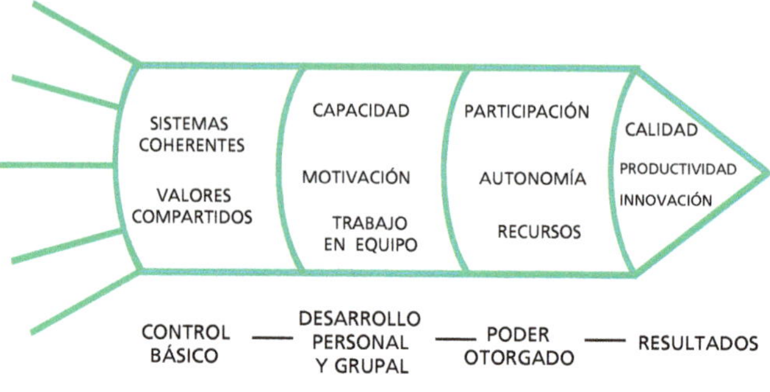

La idea del empowerment es que para maximizar la calidad, la productividad y la innovación de la organización es necesario liberar las fuerzas de todos sus miembros, y no solo del personal de mayor jerarquía. Esto implica lograr altos niveles en cuanto a:

0 - pág. 167

- Participación en la toma de decisiones.
- Autonomía para ejecutar las tareas (o sea, delegación por parte del jefe).
- Disponibilidad de recursos (la información suele ser uno de los recursos más críticos en este sentido).

Sin embargo, si el empowerment no está en manos de gente capaz, motivada y que trabaja en equipo, el remedio puede ser peor que la enfermedad. Es muy peligroso darle demasiado poder a una persona incapaz, desmotivada (o motivada negativamente respecto de la organización) o con actitudes no cooperativas. Por lo tanto, es necesario apuntalar el empowerment con la capacitación pertinente y con el liderazgo gerencial apropiado.

2 - pág. 126

La aplicación del estilo de liderazgo apropiado nos remite al modelo de liderazgo situacional. Este modelo sostiene que en la situación actual el líder debe adoptar distintos estilos según el nivel de desarrollo del "liderado". Sin embargo, promueve que, mirando al futuro, el líder apunte siempre a que el liderado alcance el máximo nivel; lo cual permitirá emplear la *delegación*, el más eficiente de los estilos. En esto el liderazgo situacional concuerda plenamente con el propósito del empowerment, pero propugna un condicionamiento y un gradualismo para lograr dicho propósito: corresponde la delegación siempre y cuando la persona que asuma la tarea esté preparada para ello; pero si no lo está, debe utilizarse otro estilo de liderazgo; y si está lejos del nivel de preparación requerido, hay que actuar gradualmente para construir de manera sólida ese nivel de desarrollo. O sea que el empowerment debe prestarle atención al liderazgo situacional; de lo contrario, puede resultar contraproducente.

De todos modos, el empowerment implica riesgos. Por ello, es indispensable equilibrarlo con un cierto grado de control, que se logra principalmente por medio de valores compartidos y sistemas coherentes de planeamiento y control. Tal equilibrio ha sido muy bien tratado por Robert Simons en su libro *Palancas de control* (Temas, 1998):

M 23 - pág

- En cuanto a los valores compartidos, el autor propone dos sistemas: uno de creencias y valores (positivos) y otro de fijación de límites (lo que está prohibido).
- Con respecto al planeamiento y control, distingue el "sistema de control de diagnóstico" del "sistema de control interactivo". El primero tiene mucho que ver con la gestión por objetivos y el empleo de indicadores de desempeño. El segundo merece, a continuación, un párrafo aparte.

El sistema de control interactivo entraña darles participación a los colaboradores en el análisis estratégico. La idea es que cuanto más participen en dicho análisis, comprenderán mejor el porqué de los objetivos. Y esto significa que estarán más capacitados y motivados para la acción, facilitando la delegación y el control de gestión. Lamentablemente, muchos gerentes actúan a la inversa: participan poco o nada en lo estratégico y están demasiado encima de sus colaboradores en la supervisión cotidiana.

Simons denomina "palancas de control" a los cuatro sistemas indicados. El de creencias y valores positivos y el de control interactivo apuntan fuertemente al empowerment. En cambio, el de fijación de límites y el de control de diagnóstico se concentran más en el control propiamente dicho. En la combinación inteligente de esta dualidad radica el equilibrio adecuado.

55

Gestión del compromiso y liderazgo

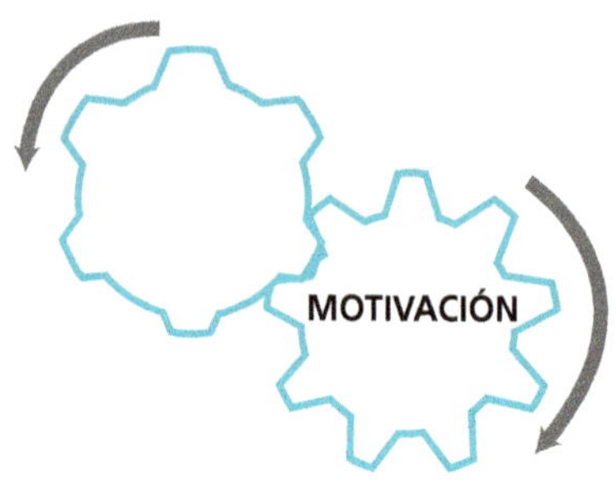

3 - pág. 161 En el módulo MOTIVACIÓN Y LIDERAZGO nos referimos a la motivación en el ámbito de la empresa. Por otra parte, en este ámbito algunos emplean la palabra "compromiso" prácticamente como sinónimo de "motivación". En cambio, otros consideran que ambas palabras tienen significados distintos. En este orden, se suele utilizar el término motivación con respecto a la tarea u otros factores específicos, en tanto que se habla de compromiso con la organización. En este caso, la motivación sería uno de los factores del compromiso. Nosotros nos inclinamos por esta distinción. Una manera de enfatizar la diferencia es ver la motivación como un fenómeno más bien emocional, que puede cambiar con cierta facilidad, mientras que el compromiso es más racional y estable. Esto tiene algo que ver con lo que establece el Diccionario de la Real Academia Española: define el compromiso como *obligación contraída* (primera acepción) y *palabra dada* (segunda acepción); y la motivación como el *conjunto de factores internos o externos que determinan en parte las acciones de una persona* (tercera acepción).

El compromiso de una persona con la organización en la cual trabaja es un factor fundamental que tiene alto impacto en los resultados, dado que trae aparejadas las siguientes actitudes:

- Motivación.
- Sacrificio.
- Iniciativa.
- Integración e identificación con otros.
- Desarrollos con foco en el mediano y largo plazo.
- Lealtad / Integridad.

Consideramos que la falta de compromiso reduce en parte o totalmente la presencia de dichas actitudes. Por ende, es crucial para las organizaciones lograr que sus empleados estén motivados y, además, comprometidos. Sin embargo, los resultados no parecen ser del todo favorables dado que solo el 25% de los empleados, según un estudio realizado sobre compañías estadounidenses, está realmente comprometido (Bates, 2004).

No existe una relación directa entre la motivación hacia la tarea y el compromiso que tiene una persona con la organización en la cual trabaja. Alguien puede estar muy motivado con la tarea que realiza, pero de todas maneras su compromiso con la organización puede ser bajo. Raramente la motivación con la tarea es baja y el compromiso con la organización alto.

Los factores que generan compromiso varían. Sin embargo, diversas investigaciones han encontrado una serie de factores que son comunes a la mayoría de los casos. A continuación se describe cada uno de ellos:

- Alineamiento estratégico: la medida en que los objetivos de la organización y el medio para llegar a ellos estén claros.
- Confianza en el *top management*: la confianza que se tiene en que la alta dirección posee las capacidades y el compromiso necesarios para alcanzar los objetivos propuestos.
- Oportunidades de desarrollo: tener o no oportunidades personales deseadas y que cuenten con un nivel de probabilidad de ocurrencia alto.
- Relación con el jefe: la principal razón por la cual un empleado deja una compañía es no poder mantener una relación positiva con su jefe directo (Society for Human Resource Management, 2001).
- Desarrollo de una carrera: la posibilidad de contar internamente con jefes o mentores que brinden apoyo en el desarrollo de la carrera de sus empleados.
- Trabajo en equipo: la posibilidad de insertarse en un grupo con el cual uno se siente identificado y en el cual se trabaja en equipo. M 64 - pág
- Posibilidad de impacto: poder influir activa y directamente en los resultados de la organización. Visibilidad del trabajo propio.
- Reconocimiento: obtener feedback positivo de personas que son y uno considera significativas dentro de la organización. M 10 - pág
- Pago justo: ser remunerado con equidad interna y en un nivel acorde al que uno podría obtener en el mercado.
- Naturaleza de la tarea y de la carrera ofrecida: llevar a cabo en el presente y en el futuro una tarea acorde a las habilidades y los intereses propios.

56 Gestión por objetivos (GxO)* y liderazgo

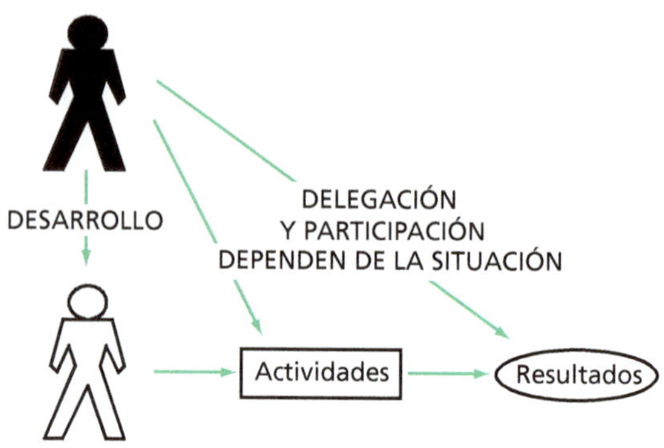

En general, la GxO se caracteriza por lo siguiente:

1. es un enfoque de administración que, tomando como base el modelo de sistemas, se orienta al logro de resultados;
2. en donde cada puesto define sus objetivos en términos de resultados a lograr (y no de actividades), que sean coherentes, prioritarios, específicos, desafiantes y tendientes al mejoramiento permanente;
3. 0 - pág. 167 a través de un estilo de liderazgo que privilegia la participación y la delegación;
4. de manera que dichos objetivos provoquen la motivación del personal, apuntalen el planeamiento y el control de las operaciones y sirvan como marco de referencia para la gestión de los recursos humanos.

La GxO tiene más que ver con el planeamiento y control que con el liderazgo, salvo el punto 3 acerca del estilo de liderazgo, que privilegia la participación y la delegación.

Este enfoque nació como reacción a un estilo de conducción caracterizado por una supervisión estrecha de las actividades que ejerce el colaborador. La idea de supervisión estrecha es opuesta a la de autonomía del colaborador o delegación. Además, dicha supervisión entraña un tipo de relación con el colaborador que suele ir acompañado de baja participación, especialmente en cuanto a la definición de objetivos.

La GxO pretende un desplazamiento de la atención del gerente: de las actividades a los resultados. En relación con este desplazamiento, privilegia dos conceptos fundamentales vinculados al estilo de liderazgo: la participación en la definición de objetivos y la delegación en cuanto a las actividades.

---

* También denominada "dirección por objetivos", "administración por objetivos" o "administración por resultados".

Sin embargo, es preciso reconocer que en cada situación la conveniencia de una mayor o menor participación o delegación depende de las circunstancias. Y esto es lo que sostiene el concepto de liderazgo situacional, desarrollado con posterioridad a la GxO. En sustancia, este concepto postula un grado variable de participación y delegación en la situación actual, en función de las condiciones del momento. Pero al mismo tiempo propone que el líder debe tratar de ir incrementando el nivel de desarrollo del seguidor, de forma tal que en el futuro se maximice la participación y la delegación.

Influencia y liderazgo

57

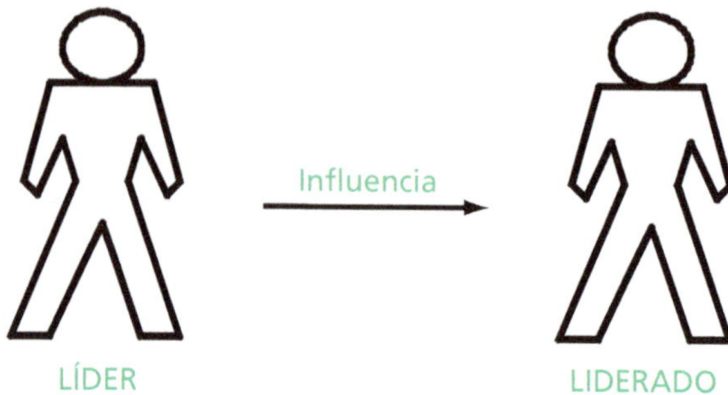

A medida que uno crece en una organización, sus resultados dependen cada vez más de su capacidad de influencia interpersonal, de su aptitud para lograr que otros apoyen sus planes, sin tener que hacer uso de la jerarquía.

La influencia no es producto de un evento, de lo que uno haga en el momento de la interacción. Para lograr un vínculo de influencia positiva uno debe crear historias de interacciones positivas.

Terry Bacon, en su libro *Effective People Skills* (International Learning Works, 1999), define una serie de conceptos sobre la influencia:

1. *Es situacional:* la capacidad de influencia depende de numerosos factores, entre ellos el contexto, la organización, la cultura de la compañía, la relación de la persona con el influenciado, su poder, sus habilidades, etc.
2. *Ocurre a través de una serie de tácticas comunes:* las personas utilizan las mismas tácticas de influencia aprendidas de forma natural en sus interacciones con los demás.
3. *Las personas suelen usar algunas de ellas en particular:* dependiendo de cuáles les han resultado exitosas en el pasado, uno tiende a utilizar una y otra vez las mismas tácticas de influencia.
4. *Hay personas que responden más a algunas tácticas que a otras:* no todas las personas son influenciadas de la misma manera. Algunas personas son más influenciables por argumentos lógicos y otras por cuestiones emocionales o de relación.
5. *Los otros dan pistas sobre cuáles de las tácticas son más influyentes*: por lo general las personas son más influenciables con aquellas tácticas que ellos usan para influenciar en los demás.
6. *Hay que usar más de una táctica:* investigadores han identificado hasta 10 tác-

ticas de influencia diferentes, y que en una interacción las personas tienden a utilizar más de una.

7. *Es un proceso, no un evento:* la influencia se logra a través de una serie de actos, nunca en uno solo.

8. *Es bilateral:* se debe dejar que el otro nos influya para luego lograr influenciar en él.

9. *Depende del poder y de la habilidad de hacerlo:* el poder da influencia, pero debe ser acompañado por cierta capacidad para poder ejercerla.

En el mismo libro, el autor describe las distintas tácticas comunes que todas las personas utilizan de forma natural para influir en otros:

- *Legitimar:* demostrar que lo que usted quiere es consistente con las políticas, los procedimientos, etc. Hacer referencia a los deseos o directivas del management. Explicitar nombres de otras personas que apoyan sus ideas.
- *Persuasión lógica:* utilizar la lógica o las evidencias para justificar una posición. Proveer hechos, estadísticas, datos, gráficos.
- *Apelar a la relación:* construir una relación de confianza, pedir apoyo en honor a la relación construida. M 15 - pág
- *Socializar:* solicitar ayuda, apelar a la experiencia del otro, pedir ideas, otorgar validez a las ideas del otro, etc.
- *Declarar:* transmitir con firmeza lo que uno quiere, piensa o desea. Ser firme, no dejar espacio para la negociación.
- *Apelar a los valores:* inspirar la cooperación apelando a los valores del otro, pedir acción en nombre de ellos. M 23 - pág
- *Intercambiar:* dar algo de valor al influenciado a cambio de sus aportes, crear situaciones ganar-ganar.

Profundizando el aspecto más interaccional del arte de influenciar, resulta de utilidad seguir las siguientes pautas:

- Escuche activamente al otro. Cuando quiera que le apoyen una idea, procure antes comprender las posturas de los demás. M 16 - pág
- Deje que el otro argumente primero, de ese modo podrá entender sus razonamientos e ideas para trabajar a partir de ellos.
- Concéntrese profundamente en el caso en cuestión. Por lo general en discusiones grupales suele tener más influencia quien más conocimiento del tema tiene.
- Juegue con las reglas propuestas por el otro. Déjese influir, si usted no está permeable el otro no se dejará influenciar; para influenciar debe dejarse influir primero.
- Espere el momento adecuado para usar uno de sus argumentos más fuertes. Una misma idea puede tener mucho o poco impacto según el momento en el cual se presente.

- Transmita sus ideas cuando el otro está receptivo. Si percibe que el otro no tiene la receptividad necesaria, no insista, espere a encontrar el momento más adecuado; insistir suele aumentar la resistencia.
- Sea sincero, no tenga inconvenientes en hacer explícita cada tanto su ignorancia sobre algún tema, eso no le resta credibilidad e influencia, por el contrario, admitir debilidades o ignorancia muchas veces aumenta la imagen positiva y la seriedad percibida en usted.
- Preocúpese por comprender el juicio de los demás. Haga todas las preguntas que pueda. A veces resulta más sencillo poner primero en tela de juicio la idea del otro y luego introducir la propia.

2 - pág. 170

- Argumente a través de preguntas, suele generar menor resistencia.
- Tenga metas mínimas, busque que el otro se aleje un poco de su idea inicial, no persiga cambios bruscos en la forma de pensar de los demás.
- En ningún momento agreda ni descalifique al otro, eso le quita capacidad de impacto.
- Cuide los vínculos, pero sea firme y hágase respetar en todo momento.
- En discusiones grupales, vaya obteniendo aliados y que otros vayan apoyando y defendiendo sus argumentos por usted. No intente influenciar a todos al mismo tiempo.

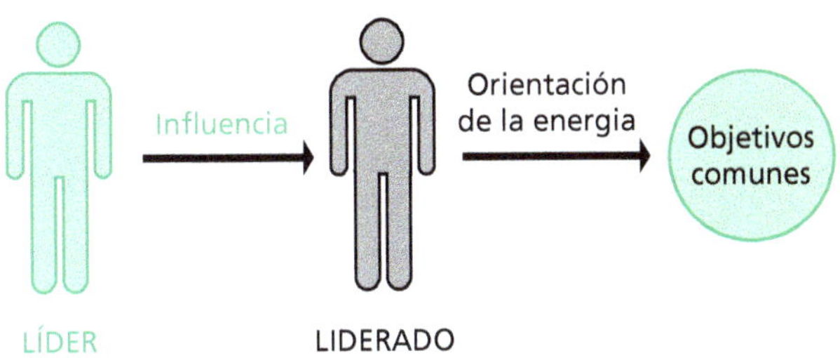

La motivación es el proceso por el cual una necesidad personal insatisfecha genera energía y dirección hacia cierto objetivo, cuyo logro se supone habrá de satisfacer la necesidad.

En el ámbito de las organizaciones, es habitual plantearse si determinada persona está motivada. Ahora bien, cuando se emplea el concepto de motivación en ese ámbito, es evidente que la definición introducida al principio resulta incompleta, porque la persona puede estar motivada para perjudicar a la organización. Y seguramente no es este tipo de motivación al que se refiere el planteo organizacional. Tal consideración lleva a señalar que desde el punto de vista de la organización a dicha definición hay que agregarle que el objetivo de la persona inherente a la motivación sea convergente con los objetivos de la organización.

El liderazgo significa influir a los demás para que se encaminen al logro de objetivos comunes. Y ahora afirmamos que la motivación implica energía y dirección hacia cierto objetivo. Por lo tanto, liderar es esencialmente provocar motivación. M 03 - pág

En *Competencias, cambio y coaching*, de la colección "Módulos de management" (Ediciones Granica, 2015), en los módulos 65 a 74 tratamos múltiples aspectos de la motivación.

En el módulo 65 señalamos la diferencia entre la motivación intrínseca y la extrínseca. Se da la primera cuando la persona es atraída por la tarea o por sus resultados, independientemente de la recompensa que ello puede significarle; por ejemplo, un profesor que disfruta de ejercer la enseñanza y de ver que sus alumnos aprenden. Ocurre la segunda cuando la persona se moviliza por la consecuencia personal de la tarea o sus resultados; por ejemplo, un profesor que está interesado en la remuneración por sus servicios o en el prestigio que le da el cargo. O sea, para conseguir un premio o evitar un castigo; el premio no necesariamente habrá de ser monetario (puede ser una promoción, mayor reconocimiento, etc.). Un factor importante de la motivación extrínseca suele ser el régimen de evaluación y recompensas de la gestión de los recursos humanos. Ambos tipos de motivación no son excluyentes: una persona puede estar motivada para una tarea tanto intrínseca como extrínsecamente. Pero también puede tener motivación intrínseca y no extrínseca, o viceversa.

Una importante corriente de pensamiento (Peter Senge, Freddy Kofman y otros) no solo resalta el valor de la motivación intrínseca, sino que expresa además un concepto peyorativo acerca de la extrínseca. Sin embargo, por más que se enfatice dicho valor, en cierta medida y en determinadas situaciones es necesario recurrir a la motivación extrínseca. Pero debe procurarse que el avance de esta motivación no atente contra la intrínseca; por ejemplo, una persona que por los premios pierde el interés que tenía en la propia tarea.

Nuevas generaciones y liderazgo

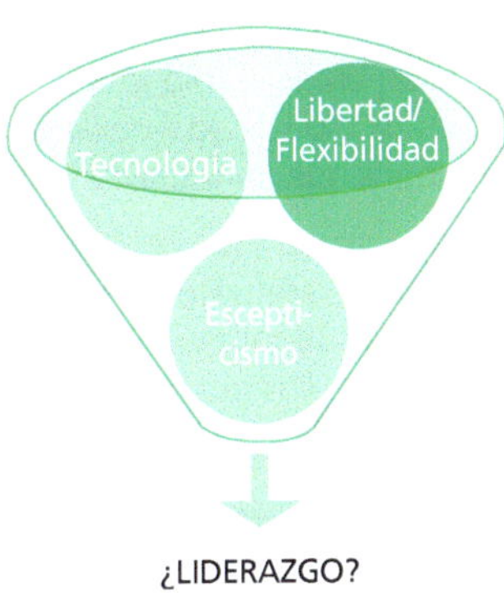

¿LIDERAZGO?

Se ha escrito mucho sobre las nuevas generaciones en el trabajo. Indudablemente, tienen un estilo distinto al de las generaciones que lideran hoy en día las organizaciones. Por ende, es muy importante tener en claro las diferencias y ciertas cuestiones bien prácticas para liderar a estos jóvenes de la mejor manera. La nueva *generación Y* (los nacidos entre 1981 y 2000) se diferencia de las anteriores, la *generación X* (nacidos entre 1964 y 1981) y los *baby boomers* (nacidos entre 1945 y 1964). La llamada generación Y o *millennials* representará el 35% de la fuerza laboral en 2020.

¿Cómo trabajan?

Hay quienes piensan que son poco afectos al esfuerzo y carecen de compromiso, mientras otros sostienen que se trata de una generación innovadora y de emprendedores natos.

Para desmitificar algunos preconceptos de inicio, la consultora Manpower de Recursos Humanos realizó un estudio global en 25 países (incluida la Argentina) de 19.000 casos, que arroja un poco más de luz sobre sus percepciones y comportamientos reales en el trabajo.

Los jóvenes que hoy tienen entre 20 y 35 años creen que tendrán que trabajar más y por más tiempo que las generaciones anteriores. Más del 50% de los encuestados por Manpower espera seguir trabajando después de los 60 o 65 años, y un 12% dice que lo hará durante toda la vida.

Un 84% prevé tomarse descansos de más de un mes a lo largo de su carrera, por motivos que varían de acuerdo al género. Mientras las mujeres piensan hacerlo principalmente por razones familiares –formar una familia (61%), cuidar de sus hijos (33%) o de sus padres mayores (30%)–, los varones lo harán primordialmente por motivos personales –viajes (42%), dedicarse a un hobby (24%), o continuar su capacitación (21%)–.

Aunque los nuevos empleos, basados en la economía colaborativa y las tecnologías (como chofer de Uber o vendedor de artículos online) están en alza, solo un 3% de los *millennials* tienen actualmente este tipo de ocupación. La modalidad *free lance* o *part-time* que ofrecen este tipo de empleos los seduce menos que un trabajo estable y con sueldo fijo.

Contra la creencia generalizada de que los jóvenes no están dispuestos a trabajar largas jornadas, el informe de Manpower revela que 7 de cada 10 millennials lo hace actualmente más de 40 horas semanales. Incluso, un 26% de ellos dice tener dos o más empleos.

El 63% dice estar buscando un progreso dentro de su actual empresa. Pero no están dispuestos a esperar una década ni un lustro para lograrlo. El tiempo que consideran permanecer en un mismo puesto antes de ser promovidos o cambiar de empleador es de dos años.

En cuanto a los motivos para permanecer o dejar un empleo, "sentirse reconocidos" y tener oportunidades de progreso y capacitación están entre los más mencionados.

A la hora de elegir dónde y cómo trabajar, los *millennials* priorizan casi lo mismo que las generaciones que los preceden (la X y los *baby boomers*): un buen salario, oportunidades de promoción y beneficios. Pero también, por ejemplo, exigen –mucho más que las generaciones anteriores– un ambiente de trabajo flexible, la posibilidad de crecer desarrollando nuevas habilidades, y tener tiempo libre para balancear su vida personal y laboral.

A la vez, hijos de las víctimas de los procesos de reestructuración y flexibilización laboral de los años 80 y 90, los *millennials* no esperan hacer carrera dentro de una misma compañía ni en una misma profesión. Un 93% cree que deberá capacitarse continuamente para adaptarse a las cambiantes demandas del mercado. Y cuatro de cada cinco están dispuestos a invertir su propio tiempo y dinero para hacerlo.

¿Cómo son?

Además, su estilo es distinto. Según Paula Molinari en su libro *Turbulencia Generacional* (Editorial Temas, 2011), las diez características más comunes de la generación Y, a diferencia de las generaciones anteriores, es que son más:

- Impacientes.
- Flexibles.
- Innovadores.
- Eficientes.
- Amantes de las relaciones personales.
- Escépticos.
- Resilientes.

- Espontáneos.
- Tolerantes.
- Amantes de la justicia.

¿Por qué cambiaron?

¿Qué fue lo que generó tantos cambios a nivel de los comportamientos? ¿Cómo fue que estos cambios se dieron a nivel global, al mismo tiempo? Según Molinari, las diez tendencias que están cambiando el mundo son:

1. *Transparencia:* la ola de escándalos corporativos y las pérdidas que tuvieron sus padres hacen que se respire desconfianza y que exijan transparencia como un valor ineludible.
2. *Movilidad:* la tecnología cambió el paradigma, el trabajo no es un lugar a donde se va, sino que es algo que se hace sin importar dónde.
3. *Tiempo global e inmediato:* las redes de trabajo son globales, por ende los horarios son más relativos. La tecnología educa a la búsqueda de respuesta inmediata.
4. *De la automatización a la personalización:* la automatización industrial ya es un hecho, la segmentación y la diferenciación es lo nuevo. La segmentación de clientes y los beneficios flexibles llegaron para quedarse.
5. *Interconectividad:* las fronteras son cada vez más difusas, el mundo de las relaciones se organiza espontáneamente en las redes sociales. Los organigramas son más circulares o matriciales y la comunicación cada vez menos jerárquica.
6. *Asianización:* compañías chinas e indias ocupan lugares de privilegio en algunas industrias, e influyen con sus culturas al resto.
7. *Bienestar redefinido:* antes era para pocos, ahora para todos. Ahora, el bienestar consiste en sentirse bien psicológica y físicamente, no solo gozar de una buena posición económica.
8. *La diversidad como ventaja competitiva:* todos somos distintos, la diferencia es positiva y hay que respetarla.
9. *Sustentabilidad:* el compromiso con la sustentabilidad será una condición necesaria de la permanencia. La sustentabilidad incluye el cuidado del recurso humano.
10. *La clave son las personas:* el talento se instala como uno de los patrimonios más importantes de las compañías. Antes las personas dependían de sus empleadores, la guerra por el talento hace que los empleadores dependan de atraer y retener a los mejores.

¿Cómo liderarlos?

¿Debe el líder adaptarse a los nuevos estilos y modificar la manera en que cree que hay que trabajar para tener éxito? Todo indicaría que es una necesidad inevitable. Los jefes de hoy no pueden tener el estilo de los jefes que ellos tuvieron en el pasado.

Los nuevos jefes, según Paula Molinari, deben ser:

Desarrolladores de talento.

- Creadores de propósitos que retengan.
- Transparentes y accesibles.
- Creadores de un contexto familiar (buen clima, informalidad, participación, flexibilidad, personalización).
- Gestores del desempeño (feedback constante y reconocimiento).

0 - pág. 46

Participación y liderazgo

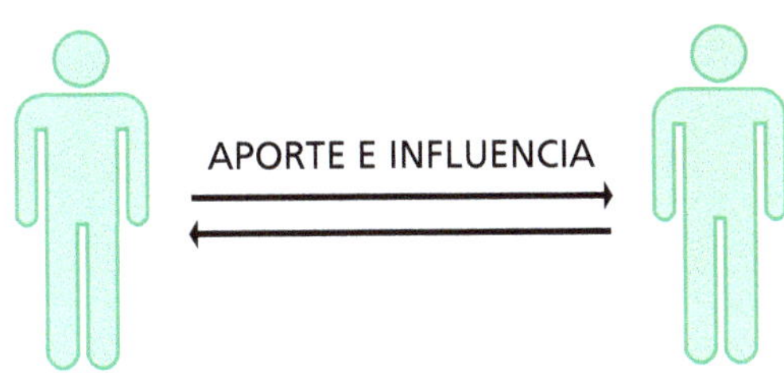

Dado un proceso de intercambio de información, ideas y opiniones entre dos o más personas, la participación se refiere al aporte y la influencia que ejercen los distintos participantes del proceso. El tema puede enfocarse como una observación del proceso tomado en conjunto; por ejemplo, decir que en una reunión predominó un comportamiento participativo por parte de los asistentes de la reunión. Asimismo, puede enfocarse como el comportamiento o el estilo de uno de los participantes con respecto a, por un lado, su aporte e influencia y, por otro lado, el aporte e influencia que permite o facilita a los demás. En este segundo enfoque es clave analizar el comportamiento y el estilo de un gerente o líder de un grupo, especialmente en los procesos de resolución de problemas y toma de decisiones, debido a su influencia sobre la motivación, el aprendizaje y la eficacia del grupo.

M 57 - pág

En el módulo ESTILOS – CONCEPTOS establecimos la distinción entre el "estilo" propiamente dicho, que es la inclinación general de la persona a comportarse de cierta manera, y el "comportamiento" puntual de la persona en una situación determinada. En el módulo ESTILOS – PARTICIPATIVO O DIRECTIVO analizamos esta dualidad: hicimos cierta descripción y evaluación, primero de los comportamientos específicos y luego de los respectivos estilos del gerente o líder.

M 25 - pág

M 38 - pág

Adicionalmente, en *Las conversaciones de trabajo,* de la colección "Módulos de management" (Ediciones Granica, 2014), en los módulos 27 a 38 tratamos múltiples aspectos de la participación que son aplicables, en mayor o menor grado, al liderazgo. De los temas tratados en estos módulos, en relación con el liderazgo merecen destacarse:

- El estilo del gerente en cuanto, por un lado, el proceso y, por otro lado, el contenido del intercambio con sus colaboradores (módulo 30).
- Ciertos aspectos de la relación entre el gerente y sus colaboradores (módulos 29, 31, 32 y 33).
- Modelo de comportamientos y estilos de influencia (módulos 35 a 37).

61

Poder y liderazgo

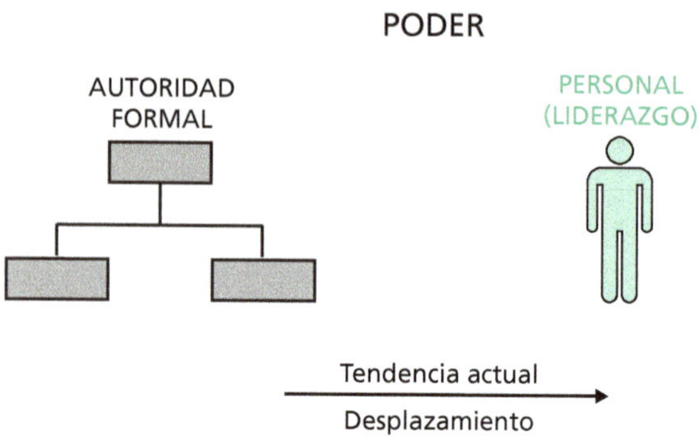

El poder es la capacidad de alguien para conseguir que los demás hagan lo que él desea que lleven a cabo, a la vez que evita verse obligado por otros a hacer lo que no quiere realizar.

Dentro de la organización, es interesante identificar quién tiene qué poder y por qué. Esto lleva al análisis de los factores del poder, donde cabe distinguir entre el poder personal y la autoridad formal.

El poder personal puede radicar en la atracción o carisma, o bien en la disponibilidad de ciertos recursos susceptibles de ser facilitados o restringidos: conocimientos, relaciones con terceros, medios económicos, etcétera. Esta última fuente de poder depende de las condiciones del titular, pero también de lo que la organización le otorga, o sea de la autoridad formal.

En las organizaciones, la autoridad formal está determinada por la posición que la persona ocupa en la estructura. (En otro contexto, puede radicar en la investidura: el sacerdote, el juez, el policía, etcétera.) En general, la autoridad formal se acompaña, en mayor o menor grado, de otros elementos. Sin embargo, cabe catalogarla como un factor de poder *per se*, por cuanto ciertas personas pueden reconocer su influencia con independencia de los otros factores.

Muchos autores presentan la capacidad de otorgar premios o castigos como una tercera categoría dentro de los factores de poder. Sin embargo, dicha capacidad, más que eso, constituye una derivación de las otras dos categorías: el poder personal o la autoridad formal.

8 - pág. 161

Tanto el premio como el castigo apelan principalmente a la motivación extrínseca, pero el castigo en particular recurre al miedo, con sus connotaciones negativas. El castigo incluye la coerción por medio de la intriga, la fuerza física, etcétera.

El liderazgo es una forma de poder. Pero no todo ejercicio del poder significa liderazgo. Vale decir que la relación entre poder y liderazgo es más bien de género a especie. El liderazgo radica esencialmente en el poder personal, y excluye la influencia basada exclusivamente en la autoridad formal o en la coerción. En cuanto al otorgamiento de premios, puede considerarse un buen complemento del liderazgo, siempre y cuando no fuerce las preferencias del liderado.

Ahora bien, las condiciones del mundo moderno tienden a que el jefe tenga que basarse cada vez más en su poder personal y cada vez menos en su autoridad formal. M 61 - pág Son muchas las variables que juegan en este sentido: el desarrollo del trabajo en equipo, M 64 - pág el aumento del ajuste mutuo como mecanismo de coordinación, la conveniencia de aumentar la participación en la toma de decisiones, la complejidad de las problemáticas, etcétera. M 60 - pág Vale decir que el liderazgo se va convirtiendo en un factor cada vez más relevante, virtualmente en todos los niveles de la organización.

Sin embargo, si una persona tiene la condición de jefe, tal desplazamiento no atenta contra esta condición, ni elimina su autoridad formal o *accountability.* Significa que, como factor de poder, tiende a crecer la importancia del liderazgo y a decrecer la importancia de la autoridad formal.

Aún más: se suelen dar situaciones en las que el factor de poder se limita casi exclusivamente al liderazgo. En otras épocas era casi un principio general que al responsable de una tarea o área se le otorgara autoridad formal sobre sus colaboradores. Esto implicaba una especie de consistencia entre responsabilidad y autoridad. Hoy en día es común que a la persona se le asigne la responsabilidad, pero no se le otorgue la autoridad formal. Se espera que el responsable tenga éxito gracias a su influencia personal, o sea a su liderazgo.

En el módulo PATOLOGÍA DEL PODER tratamos el abuso del poder. M 73 - pág

Hay un paradigma compartido en el mundo organizacional: "la gente resiste al cambio". Sin embargo, cabe aclarar que la resistencia al cambio no es universal. La gente resiste a algunos cambios y la gente se resiste a ser cambiada.

A continuación, se ofrece un punto de vista más realista sobre las reacciones al cambio de las personas.

La gente resiste a algunos cambios y a otros no

¿Puede una persona ver una tarea como un desafío mientras que otra la ve como algo amenazante? Las personas perciben y reciben el cambio de manera muy diferente. Por ejemplo, algunas reciben bien la automatización en la oficina, mientras que otras le temen. Otro ejemplo de reacciones muy diferentes es: "Estoy emocionado con esta nueva tarea. Va a ser un desafío" *vs.* "Estoy nerviosa por esta nueva tarea. Va a ser muy duro".

Un cambio por lo general es rechazado si implica:

- Una pérdida de poder, recursos, etc.
- Hacer las cosas con más esfuerzo o sin contar con habilidades que nos dan seguridad.
- Dejar de realizar tareas que generan satisfacción.
- Enfrentar una situación con muchas indefiniciones, ambigüedades.

Un cambio por lo general es bien aceptado si:

- Exige desafíos interesantes que son percibidos como beneficiosos y posibles.
- Trae aparejada una ganancia de poder, recursos, etc.
- Facilita la tarea.

- Clarifica posibilidades futuras.
- Implica un crecimiento o consolidación personal.
- Libera barreras.

Puede ser que una persona se prepare para obstáculos que no existen, si asume que todos los cambios van a encontrar resistencia en el entorno del trabajo. También puede encarar el cambio con cierta reacción defensiva, si imagina que todos lo rechazarán.

Lo más apropiado suele ser explorar activamente en cada caso la reacción ante un cambio y definir quiénes se resisten y quiénes no, y en el caso de aquellos que se resisten, cuál es la razón particular de cada uno.

La gente se resiste a ser cambiada

A la gente muchas veces no le gusta que le digan qué hacer o cómo pensar. Las personas son más receptivas al cambio cuando tienen participación en el proceso de cambio y no se sienten forzados a cambiar. Es muy común escuchar: "No me gusta la 'nueva idea' de ella sobre cómo debo hacer esto" o "Me molesta cuando Juan me dice qué es lo que tengo que pensar".

M 60 - pág

Cuando los gerentes esperan que la gente se resista al cambio, crean obstáculos y resistencia con su propia conducta. Por ejemplo, mantienen el cambio en secreto, no lo discuten ni lo van introduciendo de a poco, no ofrecen ningún tipo de participación, etcétera.

Los gerentes necesitan determinar cuánta resistencia real existe y cuáles son las objeciones. Conviene que puedan trabajar en minimizar los obstáculos, en las resistencias de cada caso si las hubiese, y en capitalizar el apoyo para el cambio que ya exista. Para poder trabajar en las "posibles" resistencias, es necesario que el gerente participe a sus colaboradores del cambio. Para ello, es preciso que comunique el cambio con la mayor anticipación posible e indague de manera activa qué piensa y qué siente la gente con respecto a la situación.

Hay diversas razones por las cuales los gerentes por momentos prefieren no participar a la gente de los cambios, entre ellas encontramos:

- "No quiero decir algo que después pueda no ocurrir en la realidad".
- "Si le pregunto qué opina, luego me comprometo a hacer lo que el otro me dice".
- "Si no hago lo que me sugiere, para qué le pregunto", etcétera.

Obviamente todos son paradigmas refutables. Un modelo de participación supone que el gerente abre el juego, escucha, pero luego la decisión final siempre es su responsabilidad exclusiva.

63 Reuniones y liderazgo

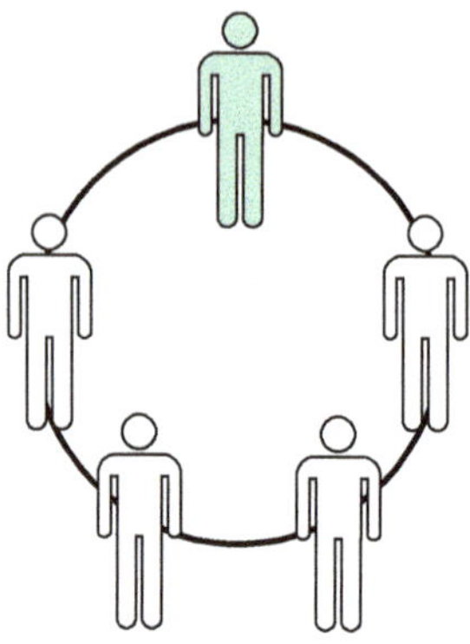

Las reuniones constituyen un ámbito en donde el liderazgo de los participantes juega un rol fundamental. En este sentido cabe distinguir:

- El liderazgo de quien está formalmente a cargo de la reunión.
- El liderazgo que pueden o deben tener los demás participantes.

En *Las conversaciones de trabajo*, de la colección "Módulos de management" (Ediciones Granica, 2014), en los módulos 39 a 58 tratamos múltiples aspectos de las reuniones que son aplicables, en mayor o menor grado, a la temática del liderazgo. De estos módulos, con relación al liderazgo merecen destacarse:

- La distinción entre el contenido y el proceso de la reunión (módulo 41). Esta distinción es importante en cuanto al estilo del gerente, tema del módulo sobre *Participación y liderazgo – comportamientos y estilos*, con respecto a la referencia al módulo 30 del libro citado *Las conversaciones de trabajo*.
- El rol de facilitador del proceso y su relación con el jefe del grupo (módulo 47).
- Las alternativas en la forma de tomar decisiones (módulo 55).

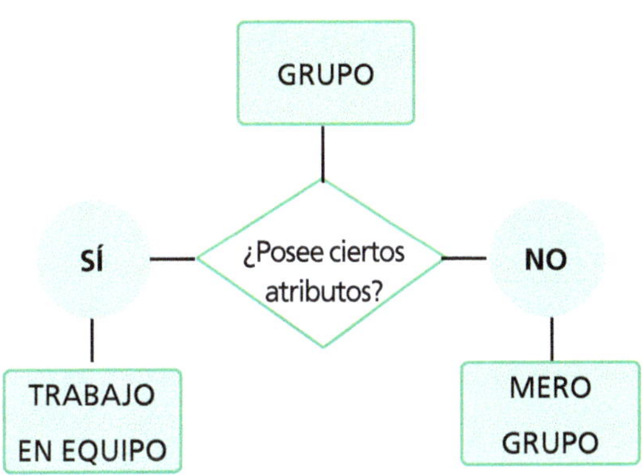

Una función relevante del liderazgo gerencial es el desarrollo del trabajo en equipo entre sus colaboradores (intragrupal), así como también promover el trabajo en equipo entre ellos y los miembros de otros grupos (intergrupal). Además, el liderazgo es algo que puede o debe ser ejercido no solo por la autoridad formal del grupo o los grupos, sino también por cualquiera de sus miembros. En *Las conversaciones de trabajo*, de la colección "Módulos de management" (Ediciones Granica, 2014), en los módulos 59 a 80 tratamos múltiples aspectos del trabajo en equipo que son aplicables, en mayor o menor grado, a la temática del liderazgo. De estos módulos, con relación al liderazgo, merecen destacarse:

- Los atributos que caracterizan el grado de trabajo en equipo de un grupo (módulo 63) y otros factores que pueden afectarlo (módulo 68). Estos atributos y factores sirven de base para identificar las etapas en el desarrollo de un grupo (módulo 67), así como también para los temas tratados en el módulo al que hacemos referencia a continuación.
- Las funciones del gerente del grupo en cuanto al desarrollo del trabajo en equipo del grupo a su cargo (módulo 69).
- Los procesos de desarrollo del trabajo en equipo, tanto el intragrupal como el intergrupal (módulos 74, 75 y 76).
- La aplicación de los modelos de Blake y Mouton (el *grid* gerencial) y de Blanchard (liderazgo situacional), tratados en otros módulos de la presente obra, al desarrollo del trabajo en equipo (módulos 77 y 78).

Desarrollo del liderazgo – Aprendizaje en el trabajo

Comportamientos del jefe y de otros superiores jerárquicos
Comportamientos grupales
Asignación de tareas

El aprendizaje en el trabajo depende de los siguientes factores:

- El comportamiento del jefe y de otros superiores jerárquicos.
- Los comportamientos grupales.
- 0 - pág. 46 La asignación de tareas a los colaboradores.

Dentro de los comportamientos del jefe y de otros superiores ubicamos múltiples cursos de acción:

- La prédica con el ejemplo.
- 4 - pág. 152 El empowerment de los colaboradores, que implica su participación en la toma de decisiones (incluyendo la participación en el análisis estratégico) y la delegación. Esto está ligado con la aplicación del estilo 9.9 según el modelo del *grid* de Blake y Mouton, así como también la Teoría Z de McGregor.
- 0 - pág. 46 El ejercicio del liderazgo gerencial en torno a la tarea de los colaboradores, que incluye el suministro adecuado de feedback y la evaluación del desempeño como base del plan de desarrollo del colaborador.
- 2 - pág. 126 El empleo del liderazgo situacional, tanto en la adecuación del estilo del líder a la situación actual del colaborador, como al apuntar a que este alcance, tarde o temprano, el máximo nivel de desarrollo (ciclo del desarrollo).
- 4 - pág. 33 La práctica de gerenciar gerentes con los colaboradores que tienen gente a cargo.
- El uso selectivo de la consultoría de procesos en la interacción con los colaboradores acerca de la problemática de trabajo; al respecto nos remitimos al módulo 15 del libro *Competencias, cambio y coaching*, de la colección "Módulos de management" (Ediciones Granica, 2015).

En cuanto a los comportamientos grupales merece destacarse lo siguiente:

- El empleo del *action learning*, que se basa en el análisis de problemas reales, el desarrollo de cursos de acción correspondiente y la ulterior reflexión acerca de la experiencia producida por la acción. Una parte de esta actividad puede encararse también como enseñanza presencial; al respecto nos remitimos al módulo 1 de la obra *Competencias, cambio y coaching*, ya citada.
- El aprendizaje en equipo, que ocurre cuando un grupo, al mismo tiempo que resuelve problemas actuales, mejora su capacidad para resolver problemas futuros. En su famoso libro *La quinta disciplina*, Peter Senge identifica al aprendizaje en equipo como una de las cinco disciplinas; al respecto nos remitimos al módulo 62 de Las conversaciones de trabajo, de la colección "Módulos de management" (Ediciones Granica, 2014).
- Para favorecer el aprendizaje en equipo, la reducción de barreras defensivas que atentan contra el tratamiento adecuado de los problemas; al respecto nos remitimos al módulo 3 de la obra citada en el párrafo precedente.

En la asignación de tareas es importante exponer al colaborador a situaciones diferentes y desafiantes que demanden nuevas habilidades y que conlleven cierto riesgo controlado, lo cual propende al desarrollo de la persona en el trabajo. Dos tipos de asignaciones pueden ser muy positivas para el desarrollo del liderazgo:

- Una es la participación en proyectos estratégicos o especiales, integrando un equipo de proyecto como célula superpuesta a la pirámide básica, incluso con la posibilidad de ser líder del proyecto.
- Otra es la rotación de puestos, en donde el aprendizaje resultante tiende a compensar con creces la ineficiencia inicial en el ejercicio del nuevo puesto.

Desarrollo del liderazgo – Cambio personal

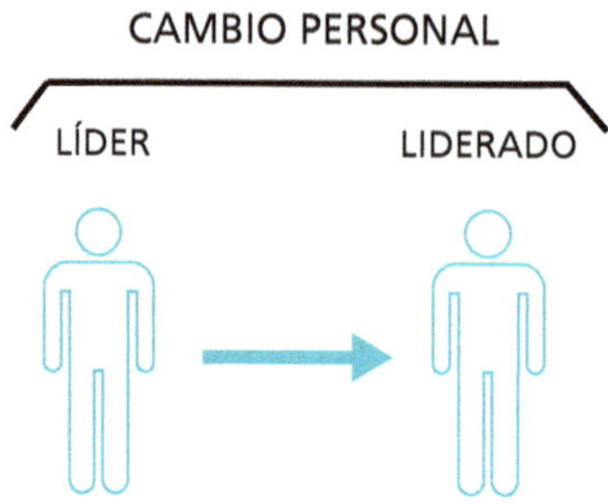

Respecto del cambio personal orientado al desarrollo del liderazgo, cabe distinguir:

- La gestión del aprendizaje.
- Ciertos conceptos fundamentales acerca del cambio personal, que han sido aportados por la psicología.

En *Competencias, cambio y coaching*, de la colección "Módulos de management" (Ediciones Granica, 2015), en los módulos 13 a 23 –sobre cambio personal– tratamos diversos conceptos que son aplicables, en mayor o menor grado, al liderazgo. De dichos módulos, en lo concerniente al desarrollo de la capacidad de liderazgo merecen destacarse los siguientes conceptos:

- *Cambio 1 y cambio 2* (módulo 13).
- *Campo de fuerzas* (módulo 14).
- *Curva del proceso* (módulo 16).
- *Gestión del tiempo* (módulo 17).
- *Manejo de la transición* (módulo 18).
- *Modelo de Prochaska* (módulo 19).
- *Cambio – Orientación a lo factible* (módulo 21).
- *Resistencia al cambio* (módulo 23).

Además, el módulo 96 *(Más de lo mismo)* de la obra citada entraña otro concepto interesante acerca del cambio personal.

Los conocimientos contenidos en los módulos referidos se vinculan con el ejercicio del liderazgo en dos sentidos:

- Para el desarrollo del líder como tal.
- Como recurso que puede emplear el líder para influir sobre el cambio de sus liderados.

1. Reacción de los participantes
2. Aprendizaje de conocimientos, habilidades y actitudes
3. Cambio en el comportamiento
4. Efecto en resultados

Aquí cabe traer a colación el clásico modelo de Donald L. Kirpatrick, publicado en *Evaluación de programas de entrenamiento* (Gestión 2000, 1999), que comprende los cuatro niveles indicados en el cuadro precedente.

Habitualmente, la reacción de los participantes surge de una encuesta que se realiza al finalizar la actividad educativa o al cabo de un segmento de ella. Se trata de un indicador de *satisfacción del cliente*. Es importante tenerla en cuenta, pero estrictamente no responde a los interrogantes de los otros tres niveles de evaluación.

La verificación del aprendizaje de conocimientos, habilidades y actitudes añade información sustancial que la reacción de los participantes no brinda. En general, consiste en un examen posterior (inmediato o cercano) a la actividad educativa, preferentemente precedido por un examen anterior a ella, de manera tal que se pueda apreciar el avance del aprendizaje. Sin embargo, la verificación del aprendizaje no garantiza la transferencia al trabajo que planteamos en el módulo respectivo.

El tercer nivel entraña investigar el cambio del comportamiento en el trabajo. Esto suele hacerse por medio de encuestas o entrevistas al participante de la actividad educativa o a personas que luego han podido observar su comportamiento en el trabajo, por ejemplo el jefe. Por lo común, no son muchas las situaciones que permiten otros métodos de comprobación.

Dentro del cuarto nivel se suele distinguir: (a) el efecto sobre ciertos indicadores de calidad, productividad, reducción de costos, aceleración de tiempos, etcétera y (b) el retorno sobre la inversión, que requiere medir los ingresos atribuidos a los efectos de la capacitación y los costos incurridos en ella. Si bien este cuarto nivel es el más relevante de todos, su aplicación tiende a ser bastante complicada, cuando no imposible.

Un problema serio para emplear los niveles tercero y cuarto al aprendizaje del liderazgo es aislar el factor capacitación como causa del cambio en el comportamiento o del efecto en los resultados. Se pueden determinar las variaciones en los indicadores

de desempeño correspondientes, pero es muy difícil o cuestionable distinguir en qué
8 - pág. 179
medida la variación fue provocada por la capacitación y en qué medida fue originada por otros factores (que son numerosos). La distinción es más factible para cierto tipo de entrenamiento, como el del área de ventas, donde no es mayormente dificultoso comparar las ventas antes y después de la capacitación, y es más fácil controlar las otras variables. Sin embargo, la medición se torna más vidriosa cuando nos movemos del entrenamiento a la educación, caso del liderazgo. Aquí los plazos y los factores que median en las relaciones de causa-efecto hacen muy discutible el intento.

Cuanto más se complica el problema de medición, más costoso se vuelve y más dudosos son sus resultados. Algunas personas presuntamente lo solucionan adoptando hipótesis convencionales acerca de la importancia relativa de los factores. Así se logran expresiones cuantitativas que dan una imagen de objetividad no real, a causa de la debilidad de las hipótesis. Otros resuelven la cuestión por medio de la encuesta: pidiendo opiniones acerca del cambio o el resultado perseguido con la capacitación. Estas encuestas pueden ser interesantes, pero no debe perderse de vista que las mediciones consiguientes son nada más que un resumen de opiniones subjetivas.

Creemos que el reclamo de comprobación de los beneficios de la capacitación se ha exagerado un tanto. Nos parece muy oportuno que se enfatice el propósito de la capacitación –mejorar el desempeño–, y que se trate de evaluar en todos los niveles
9 - pág. 182
de Kirkpatrick. Sin embargo, hay que reconocer sus límites. Pensamos que el proceso de transferencia de la capacitación al trabajo, incluyendo un adecuado seguimiento, en muchos casos es capaz de brindar información más enriquecedora que los intentos de evaluación independiente en los niveles tres y cuatro.

Desarrollo del liderazgo – Problemática de la capacitación

Audiencia
Objetivos
Contenidos temáticos
Estrategias
Recursos
Evaluación

En el módulo ATRIBUTOS DEL LÍDER – CARACTERÍSTICAS PERSONALES señalamos que el líder en parte "nace" y en parte "se hace". Además, a medida que transcurren los años el "se hace" va incorporándose a la estructura de la persona, de manera que a su vez tiende a mezclarse con el "se nace". De todos modos, el liderazgo se puede aprender en mayor o menor grado. Tal vez sea difícil o imposible adquirir los atributos de los grandes líderes de la historia. Pero es factible mejorar las competencias de liderazgo, sobre todo aquellas más específicas; por ejemplo, las requeridas por el ejercicio del liderazgo gerencial en torno a la tarea de los colaboradores o la aplicación del liderazgo situacional.

M 12 - pág

En este módulo analizamos los elementos que juegan en la problemática de la capacitación: la audiencia, los objetivos, los contenidos temáticos, las estrategias, los recursos y la evaluación.

En cuanto a la audiencia, corresponde identificar cuándo una persona pasa a tener una necesidad importante de desarrollar sus competencias en liderazgo. La mayoría de las personas, tengan o no formación universitaria, comienzan a trabajar en un área funcional o técnica sin tener gente a cargo. En esta primera etapa las competencias requeridas son las inherentes a su tarea específica, más cierto manejo de las relaciones interpersonales. En un determinado momento, si se considera que la persona tiene las condiciones correspondientes o por razones de necesidad, es promovida a una posición que implica tener gente a cargo. Así se inicia una segunda etapa que significa un cambio fundamental en la carrera de la persona: pasa a ser "gerente" en el sentido amplio de la palabra, con independencia de su título formal (supervisor, jefe, etc.). La nueva posición demanda competencias adicionales, que incluyen el liderazgo gerencial y que son bien diferentes de las requeridas previamente. Una persona puede ser excelente para la primera etapa y adolecer de serias dificultades para la segunda. Por ello la capacitación inicial sobre liderazgo es preferible encararla cuando la persona comienza la segunda etapa, y no más tarde. Se trata de los N2 que referimos en el módulo GERENCIAR GERENTES / LIDERAR LÍDERES, cuyo comportamiento tiene gran

M 04 - pág

influencia sobre la motivación de los N1, que suelen ser una cantidad significativa de personas.

Los objetivos y los contenidos temáticos deben basarse en las competencias requeridas acerca del liderazgo, que suelen figurar en un modelo de competencias de la organización; así como también en el diagnóstico de necesidades de capacitación, que se nutre de la estrategia, de la gestión del cambio, del análisis de los problemas operativos, de las evaluaciones de desempeño, de encuestas, etcétera.

En cuanto al marco conceptual de los contenidos temáticos, la mayoría de los módulos de esta obra brindan la información pertinente. Pero, más allá de cada uno de ellos, queremos resaltar tres conceptos fundamentales:

1. La integración del liderazgo con la gerencia, con énfasis en el liderazgo gerencial, que planteamos en el módulo GERENCIA Y LIDERAZGO – LIDERAZGO GERENCIAL. Por ejemplo, pensamos que el tema de los roles del gerente es parte integral de la capacitación sobre el liderazgo.

3 - pág. 31

2. El enfoque situacional, que es opuesto al modelo que denominamos "idealista – normativo".

4 - pág. 130
8 - pág. 42

3. La conveniencia de desarrollar ciertos conocimientos fundamentales que aporta la psicología, los cuales sustentan la comprensión y el ejercicio adecuado del liderazgo. Nos referimos a la influencia de la personalidad, la inteligencia emocional, la motivación, la problemática del cambio personal, etcétera.

Con relación a las estrategias, cabe distinguir lo que podemos llamar "capacitación formal" de otros cursos de acción. La primera comprende actividades cuyo objetivo central es el aprendizaje, en cualquiera de sus modalidades: enseñanza potencial, enseñanza a distancia / *e-learning,* autoaprendizaje, *blended training, outdoor training, coaching*, etcétera. Los otros cursos de acción incluyen el aprendizaje en el trabajo.

En el módulo 9 (*Aprendizaje – Modalidades*) del libro *Competencias, cambio y coaching,* que integra esta colección "Módulos de management", tratamos sintéticamente los métodos de cada una de las modalidades referidas en el párrafo precedente. Aquí son aplicables todos los avances en la tecnología educativa, cuyo análisis escapa al propósito de este módulo. Sin embargo, en cuanto a la capacitación sobre el liderazgo merecen destacarse los siguientes recursos:

- El empleo de casos reales, surgidos de la propia experiencia, que no necesariamente requieren elaboración escrita. Puede bastar con que el presentador plantee un problema en pocas palabras, y a partir de allí los participantes van construyendo los datos sobre la base de sus preguntas y de las respuestas del presentador. Esto, de paso, pone en juego la habilidad para hacer preguntas inteligentes, lo cual puede ser tan importante como la capacidad de encontrar soluciones. En su obra *Directivos, no MBAs* (Deusto, 2005), Henry Mintzberg señala las limitaciones del clásico "método del caso" (no vivido por el participante) y enfatiza el valor de aprovechar la experiencia de los participantes en los programas de desarrollo de directivos, así como también de recurrir a casos reales.

- La complementación de las actividades de capacitación formal con un proceso de transferencia de la capacitación al trabajo. M 69 - pág
- La utilización del coaching.

El aprendizaje en el trabajo lo analizamos en un módulo separado. M 65 - pág

El feedback es un elemento muy útil para tomar conciencia acerca de la necesidad o conveniencia del cambio personal, o sea del aprendizaje. Ayuda a la persona a "mirarse al espejo", a darse cuenta de aspectos personales que por sí mismo no percibía debidamente. Cabe aclarar que tal toma de conciencia es necesaria, pero puede no ser suficiente, si luego la persona no adopta las acciones correspondientes. El feedback puede obtenerse a través de distintas fuentes: M 10 - pág

- El feedback fluido que debe dar el jefe a sus colaboradores.
- El feedback entre los participantes de una actividad de capacitación formal.
- El feedback que cualquier persona (por ejemplo, un compañero de trabajo) puede dar al sujeto.
- En la evaluación de desempeño, la aplicación del feedback múltiple o 360°.
- El empleo de instrumentos de diagnóstico:
  - Sobre rasgos de personalidad; por ejemplo, el basado en el modelo de los 5 grandes factores.
  - Sobre el estilo gerencial o de liderazgo; por ejemplo, el basado en el *grid* de Blake y Mouton.
  - Sobre aspectos específicos de la persona; por ejemplo, el de estilos de aprendizaje basado en el modelo de Kolb. Al respecto nos remitimos a los módulos 2 y 6 de la obra citada.

En los módulos 56 a 59 de *Competencias, cambio y coaching*, obra citada, analizamos distintos aspectos del feedback.

Con relación a los recursos, por un lado es indispensable que las organizaciones inviertan lo necesario para desarrollar el liderazgo de sus miembros, que en el mundo moderno constituye un factor fundamental del éxito y de la sustentabilidad de la organización. Por otro lado, más allá de las acciones de la organización, sus miembros deben preocuparse y ocuparse activamente de su propio desarrollo, especialmente en los aspectos "a medida" de sus necesidades particulares.

La evaluación del aprendizaje la tratamos en un módulo separado. M 67 - pág

69 Desarrollo del liderazgo – Transferencia de la capacitación al trabajo

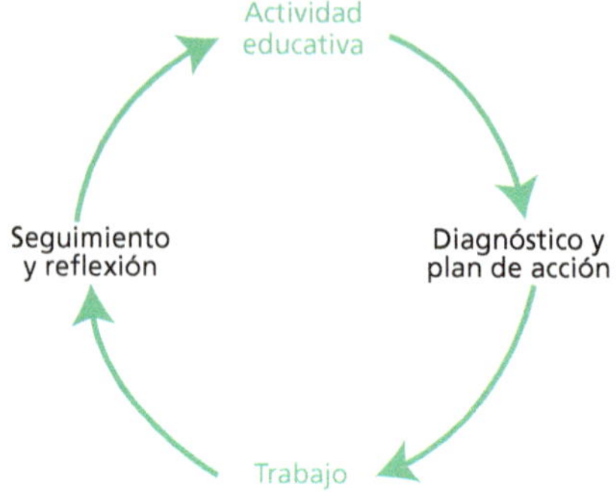

Dentro de la capacitación distinguimos:

- La orientada a competencias funcionales o técnicas.
- La orientada tanto a competencias gerenciales como genéricas. Estas dos categorías se pueden agrupar bajo el concepto de "conductuales"; incluyen la capacidad de liderazgo.

Si bien el contenido de este módulo puede ser aplicable a la capacitación funcional o técnica, es especialmente apropiado para la capacitación conductual, en la cual el cambio en el comportamiento (condición del aprendizaje propiamente dicho) es más problemático, debido a que en muchos casos requiere modificar maneras de ser y hábitos arraigados.

Todo contenido temático entraña en mayor o menor grado una guía de lo que se pretende aplicar en el trabajo. De lo contrario, no tendría sentido incluirlo en la actividad educativa. Claro está que el contenido puede tener o no valor, total o parcialmente. En este orden, la actividad educativa debería dar lugar a la crítica pertinente. En consecuencia, los participantes estarían en condiciones de quedarse con lo que sea valioso. A partir de allí se impone hacer un diagnóstico: plantearse en qué medida la situación real de la organización, grupo o individuo responde al objetivo, y analizar la causa de los problemas. Completado el diagnóstico, corresponde encarar un plan de acción, o sea, estrategias concretas para alcanzar el objetivo o acercarse a él. Luego, el trabajo brindará experiencia susceptible de reflexión. De esta manera, la guía puede ser ampliada, modificada o incluso descartada, para reforzar el proceso de aprendizaje. Posteriormente, conviene ejercer acciones de seguimiento, con dos propósitos: monitorear el cumplimiento del plan de acción y reflexionar sobre la experiencia recogida. Tales acciones, a su vez, constituyen un antecedente de futuras actividades educativas, y el ciclo *experiencia – reflexión – desarrollo de conocimientos y habilidades* se repite.

Además del diagnóstico complementario a la actividad educativa, en función de la guía surgida del contenido temático, hay diagnósticos que es aconsejable realizar antes de conocer el contenido temático, generalmente utilizando un instrumento pertinente. Por ejemplo, los diagnósticos sobre estilos personales en los que el participante contesta espontáneamente un cuestionario, sin especular con el "debería ser". Claro está que el instrumento responde al modelo, pero ello no es evidente para el participante al momento de responder las preguntas.

El diagnóstico puede hacerse durante la propia actividad educativa o después de ella. En general, es ventajoso nutrirlo con los siguientes recursos:

- La aplicación de instrumentos de diagnóstico, cuyos resultados favorecen el autoconocimiento del participante.
- La implementación de mecanismos de feedback, basados en dichos instrumentos, en el intercambio entre los participantes, en el coaching al que se alude más adelante, y en otros medios.
- La realización de tareas grupales de reflexión en torno a los objetivos del aprendizaje, los contenidos temáticos, los instrumentos de diagnóstico y el feedback.

Cabe desglosar el plan de acción en:

- Plan de acciones personales, en términos de medidas concretas a cargo del propio participante.
- Recomendaciones, a la organización en conjunto o al sector al que pertenece el participante, de medidas concretas que contribuyan al logro de los objetivos del aprendizaje.

La acción y su seguimiento constituyen un proceso recurrente que debe ser apoyado por la organización a través de:

- Reuniones periódicas de seguimiento y reflexión.
- Refuerzo complementario para ciertos participantes, como el coaching adicional. M 51 - pá

Ahora bien, cabe tener en cuenta la probabilidad de que una misma persona en un año concurra a más de una actividad educativa que amerite dicho proceso de transferencia al trabajo. Por otra parte, en las organizaciones es normal que la evaluación de desempeño, que suele hacerse una vez al año, dispare el plan de desarrollo personal (PDP) correspondiente. Por lo tanto, proponemos que las organizaciones combinen en un PDP único el planeamiento y control de las acciones pertinentes. La idea es que el PDP resultante de la evaluación de desempeño constituya un registro abierto al cual se le van incorporando los diagnósticos y propuestas de acción que surjan de las actividades educativas adecuadas, así como también de otras fuentes, como ser cierto feedback recibido. En otras palabras, la persona tiene así un solo PDP dinámico, que es alimentado por distintas fuentes: la evaluación de desempeño, las actividades educativas y otros disparadores.

Cambio organizacional – Problemas habituales

Brecha entre lo ideal y lo factible
Dificultad para identificar las intervenciones exitosas
Influencia de los niveles jerárquicos

Numerosos planteos de cambio apuntan directamente a modificar el comportamiento humano: que la gente aumente su compromiso con la organización, que sea más responsable, que demuestre más iniciativa, que genere innovación, que preste mejor servicio a los clientes, que refuerce su orientación a los resultados, que trabaje en equipo, que reduzca barreras defensivas, que evite conflictos interpersonales contraproducentes, que mejore su liderazgo, que sea más participativa, que brinde un
1 - pág. 146
adecuado coaching a sus colaboradores, etcétera. Pero tales planteos tropiezan con serias complicaciones. La primera es la brecha entre lo ideal y lo factible. Aquí suele ser aplicable el concepto de que lo perfecto es enemigo de lo bueno. En materia de comportamientos, muchas veces es preferible fijar metas alcanzables, y encarar el
3 - pág. 150
cambio con convicción, que pregonar objetivos que representan meras expresiones de deseo, habida cuenta de la cultura organizacional, del estilo de aquellos que tienen mayor poder y de la situación de los recursos humanos.

9 - pág. 142
Una segunda complicación es la dificultad para identificar las intervenciones exitosas. En el terreno conductual, el impacto de las acciones directas sobre las personas (capacitación, comunicación, etcétera) es limitado. En general, es conveniente recurrir también a intervenciones en la arquitectura y en la operación para provocar cambios en el comportamiento; por ejemplo, el rediseño de la estructura, la modificación del régimen de evaluación y recompensas (parte crucial de la gestión de los recursos humanos), el perfeccionamiento del sistema de planeamiento y control de las operaciones, el desarrollo de los sistemas de información (incluyendo los indicadores de desempeño), etcétera. Se trata de algo paradojal: una parte significativa de las intervenciones orientadas al cambio en el comportamiento de las personas no radica en acciones directas sobre los individuos, sino en alterar elementos no humanos de la organización. De la misma manera que, por otra parte, por medio de acciones directas sobre las personas pueden crearse las condiciones para mejorar la arquitectura o la operación. Las organizaciones son sistemas socio-técnicos, en los que lo social influye poderosamente sobre lo técnico, y viceversa. Y el arte del cambio organizacional consiste precisamente en articular estas relaciones circulares.

Una tercera complicación la ocasiona la influencia de los niveles jerárquicos. En el planteo de cambios en el comportamiento cabe distinguir distintos aspectos a cambiar en función del nivel jerárquico. Por ejemplo, se propone que los mandos medios desarrollen más iniciativa; pero esto requiere que la alta gerencia brinde a los mandos medios un mayor empowerment, lo cual demanda un cambio en el estilo de liderazgo del número uno de la organización. Ello implica que para un determinado nivel (en el ejemplo, los mandos medios), además de las intervenciones directas en sus miembros y de las intervenciones pertinentes en la arquitectura y la operación, se necesitan intervenciones en el nivel inmediato superior (en el ejemplo, la alta gerencia); y que, a su vez, estas últimas exigen su respectivo set de intervenciones; y así sucesivamente. Esto implica asimismo que la palanca fundamental radica en la alta gerencia, y a veces aquí reside la dificultad primordial. En general, la alta gerencia debe aglutinar a los líderes principales del cambio. En materia de comportamiento, es natural que un líder del cambio propugne el cambio en otras personas, pero suele ocurrir que el propio líder no tome plena conciencia de lo que él debe cambiar para favorecer el cambio de los demás.

M 54 - pág

La primera complicación (la brecha entre lo ideal y lo factible) se relaciona con la tercera (el cambio personal de los líderes del cambio). Aquí es importante el concepto que desarrollamos en el módulo 21 *(Cambio – Orientación a lo factible)*, de la obra *Competencias, cambio y coaching* (Ediciones Granica, 2015, colección "Módulos de management"). Cabe preguntarse, por ejemplo, ¿cuál es la probabilidad de lograr efectivamente el cambio de una cultura muy jerárquica a otra altamente participativa en una organización cuyo CEO actual quiere seguir en el puesto, es el fundador y único dueño, viene siendo muy exitoso y tiene un estilo fuertemente autoritario?

71 Liderazgo gerencial – Comportamientos disfuncionales

En *Competencias, cambio y coaching*, de la colección "Módulos de management" (Ediciones Granica, 2015), en el módulo 87 *(Problemas – Comportamientos disfuncionales de los gerentes)* hacemos referencia a una encuesta que venimos realizando en seminarios y otras situaciones, en la que pedimos a cada participante que identifique los tipos de comportamiento que considera más comunes o habituales en su organización, a partir de un listado que comprende 54 tipos de comportamientos disfuncionales de los gerentes.

Según los resultados de la encuesta, de los 12 tipos de comportamientos disfuncionales más comunes o habituales, 6 corresponden a la relación del gerente con sus colaboradores. Estos son (ordenados alfabéticamente):

- 1 - pág. 146 Coaching a los colaboradores – DEFICIENCIA.
- Delegación – DEFICIENCIA.
- Desmotivación de los demás (comportamientos que la generan).
- Evaluación de los colaboradores – DEFICIENCIA.
- 0 - pág. 46 Feedback a los colaboradores – DEFICIENCIA.
- 0 - pág. 46 Recompensas a los colaboradores – DEFICIENCIA o INJUSTICIA.

0 - pág. 46 Los comportamientos indicados corresponden en gran medida a lo que hemos denominado "las funciones del liderazgo gerencial en torno a la tarea de los colaboradores". Al respecto, cabe tener en cuenta que, entre los encuestados, eran muchos más los pertenecientes a los mandos medios que a la alta gerencia, lo cual hace pensar que probablemente predominó lo que más afecta al encuestado: el jefe que tiene o tuvo y sus carencias *vis a vis* las expectativas del colaborador.

El párrafo precedente está vinculado con la brecha que suele observarse entre dos percepciones distintas: la de los colaboradores y la del propio gerente, en cuanto al estilo de este y su relación con ellos. No es extraño que el gerente tenga una idea más o menos distorsionada acerca de lo que piensan y sienten sus colaboradores. Aquí juegan las limitaciones que puede haber en la comunicación entre actores que tienen distinto poder relativo, debido a la influencia de la jerarquía, más allá del estilo del gerente. Y, aunque el gerente esté más acertado en sus juicios que los colaboradores, su liderazgo (capacidad de influencia personal) dependerá, en mayor o menor grado, de lo que ellos perciban, con independencia de que estén equivocados. Esta cuestión se profundiza en el módulo ESTILOS – PERCEPCIÓN Y VALORACIÓN DE JEFES Y COLABORADORES.

M 40 - pág

ANEXO

ENCUESTA SOBRE COMPORTAMIENTOS DISFUNCIONALES DE LOS GERENTES

Respuesta individual

A continuación figura un listado de comportamientos disfuncionales que puede tener un gerente como tal (*). Le pedimos que de dicho listado identifique los siete tipos de comportamiento que considera más comunes o habituales *en su organización*. Elabore esta identificación en base a su experiencia con gerentes, ya sea jefes que tiene o ha tenido, gerentes que reportan o han reportado a usted, o cualquier otro gerente cuyo comportamiento ha podido observar. Para ello, coloque una marca en el casillero respectivo de la columna de la derecha habilitada al efecto.

Comportamientos disfuncionales	Siete más comunes
1. Adaptación del comportamiento a la situación / versatilidad – FALTA	
2. Administración del tiempo – DEFICIENCIA	
3. Apoyo a los colaboradores en sus problemas de trabajo y personales – DEFICIENCIA	
4. Asertividad – FALTA	
5. Autoaprendizaje / autodesarrollo – FALTA	
6. Autoconocimiento – FALTA o SOBREVALORACIÓN	
7. Autocontrol – FALTA	
8. Autoestima baja/confianza en sí mismo	
9. Autoritarismo / falta de participación a los demás	
10. Barreras defensivas (**) – EXCESO	
11. Búsqueda de la excelencia – FALTA	
12. Calidad de vida – Falta de equilibrio entre trabajo y vida personal / "adicto al trabajo"	
13. Coaching a los colaboradores – DEFICIENCIA	
14. Compromiso / motivación – FALTA	
15. Comunicación escrita – DEFICIENCIA	
16. Comunicación oral – DEFICIENCIA	
17. Conflicto (manejo) – DEFICIENCIA	
18. Conocimientos de management y comportamiento humano – FALTA	
19. Control de las actividades de su AR – DEFICIENCIA	
20. Delegación – DEFICIENCIA	

* En esta encuesta entendemos el término "gerente" en un sentido bien amplio: gerente es quien tiene a su cargo un área de responsabilidad, desde toda la organización tomada en conjunto hasta un pequeño sector o proyecto, y que, para ejercer su responsabilidad, también tiene a su cargo ciertas personas; vale decir que es responsable del desempeño de su gente.

** Se ha dado en llamar "barrera defensiva" a un ocultamiento deliberado de información o a cualquier otra manera intencional de limitar la comunicación. En general, consiste en una brecha entre lo que se dice y lo que se piensa o siente, hace o dice en otro momento.

Comportamientos disfuncionales	Siete más comunes
21. Descortesía, agresividad o falta de respeto con los demás	
22. Desmotivación de los demás (comportamientos que la generan)	
23. Distanciamiento de la gente (dificultad de acceso, trato impersonal, etc.)	
24. Empatía – FALTA	
25. Escucha – DEFICIENCIA	
26. Evaluación de los colaboradores – DEFICIENCIA	
27. Feedback a los colaboradores – DEFICIENCIA	
28. Gestión del cambio de la estructura y los sistemas de su AR – DEFICIENCIA	
29. Inestabilidad emocional	
30. Influencia sobre los demás por medio de la atracción personal y la persuasión – FALTA	
31. Iniciativa – FALTA	
32. Innovación – FALTA	
33. Instrucción de objetivos y tareas a los colaboradores – DEFICIENCIA	
34. Intolerancia al error	
35. Irresponsabilidad / falta de disciplina	
36. Logro / esfuerzo – FALTA	
37. Orientación a resultados – FALTA	
38. Orientación / servicio al cliente – FALTA	
39. Pesimismo	
40. Planeamiento de las actividades de su AR – DEFICIENCIA	
41. Planeamiento estratégico de su AR – DEFICIENCIA	
42. Poder – ABUSO	
43. Prioridades – DESCUIDO	
44. Procastinación (postergación de acciones)	
45. Receptividad / apertura mental – FALTA	
46. Recompensas a los colaboradores – DEFICIENCIA O INJUSTICIA	
47. Reuniones (planeamiento y conducción) – DEFICIENCIA	
48. Rigidez	
49. Salud – Problemas de estrés	
50. Toma de decisiones – Aversión al riesgo / parálisis por el análisis	
51. Trabajo en equipo – deficiencia	
52. Valores morales (honestidad, sinceridad, equidad, etc.) – FALTA	
53. Valores y creencias incompatibles con la organización	
54. Vínculos / network – FALTA	
55. Vocación – FALTA (para las tareas asignadas)	

Liderazgo gerencial – Problemas de los colaboradores

Problemas del saber
Problemas del querer
Problemas del poder

En el libro *Por qué los empleados no hacen lo que se supone que deben hacer y qué hacer para corregirlo* (McGraw-Hill, 1991) Ferdinand Fournies cita las razones por las cuales los colaboradores no hacen lo que se les pide que hagan. El autor sostiene que el incumplimiento de los colaboradores se debe en gran medida a una gestión deficiente. Por lo tanto, si los gerentes toman las medidas necesarias para que desaparezcan las causas del incumplimiento, el resultado será un desempeño adecuado.

Fournies enfatiza la importancia de la gerencia preventiva por oposición al control de los problemas mediante una reacción para resolverlos. Las razones pueden ser divididas en tres áreas: los problemas del saber, los problemas del querer y los problemas del poder. A continuación se enumeran los diversos tipos de razones y se describe brevemente, en cada caso, las intervenciones específicas que los gerentes pueden adoptar para evitar que existan.

Problemas del saber (se refiere a competencias):

1. No saben por qué deberían hacerlo. No parece importarles, porque no saben el motivo por el cual deberían hacer el trabajo. Para prevenirlo es necesario ofrecerles una perspectiva más amplia y si es posible buscar la relación entre la tarea y la persona.
2. No saben cómo hacerlo. Suele confundirse el hecho de presentar la tarea con enseñarla. Es clave asegurarse de que los colaboradores conocen la forma de trabajar y no presuponerlo. Para ello, se puede elaborar manuales detallados, procedimientos estándar y hacer pruebas a los colaboradores para asegurarse de que saben hacer lo que se espera de ellos.
3. No saben qué es lo que se supone que deben hacer. La forma más sencilla de mejorar el rendimiento es detallar la tarea de una manera explícita, siendo muy específico y corroborando si han entendido.
4. Piensan que los métodos de usted no darán resultado. Por lo general, no es suficiente exponer sus métodos, es necesario ofrecer pruebas y dialogar al respecto.

5. Piensan que los métodos de ellos son mejores. Las personas inteligentes muchas veces piensan cosas equivocadas y muchas veces la innovación es una pérdida de tiempo o un fracaso. La sugerencia es impedir que inventen el fracaso.

6. Piensan que hay algo más importante que hacer antes. Resulta muy costoso trabajar en cosas indebidas, por lo tanto es importante asegurarse de que sus colaboradores conozcan las prioridades.

7. Piensan que ya lo están haciendo. Una vez que lo han hecho mal, es demasiado tarde para decírselo; dé feedback para prevenir los futuros fracasos.

Problemas del querer (se refiere a la motivación y al condicionamiento operante, especialmente):

8. Para ellos no hay ninguna consecuencia positiva por hacerlo. Las personas se motivan por las recompensas, pero en general los gerentes no recurren a ellas suficientemente. Use recompensas (económicas y no económicas) para asegurar el rendimiento de la gente.

9. Reciben una recompensa por no hacerlo. Muchas veces sucede que los gerentes recompensan la omisión de la tarea sin darse cuenta. Es necesario revisar el enfoque.

10. Reciben un castigo por hacer lo que se supone que deben hacer. Los gerentes lo hacen involuntariamente; es importante comprender el punto de vista de los empleados en lo referente al castigo. Por ejemplo, a aquellas personas que trabajan bien se les da más cantidad de trabajo porque lo realizan eficientemente.

11. Anticipan una consecuencia negativa por hacerlo. Aquí es importante comprender lo que ellos esperan y enviar los mensajes adecuados.

12. No hay ninguna consecuencia negativa por su bajo rendimiento. Es importante diseñar medidas correctivas antes de sancionar; y si es pertinente, es necesario aplicar sanciones.

Problemas del poder:

13. Los obstáculos están fuera del control de los empleados. La sugerencia es ayudar a eliminar esos obstáculos.

14. Las limitaciones personales de los empleados obstaculizan su rendimiento. Debe evitar la clasificación errónea de los empleados y enfrentarse a las limitaciones permanentes o temporales.

15. Problemas personales. Es importante evitar que los problemas de cada uno afecten el rendimiento; un bache temporal puede y debe admitirse, pero otros no.

16. Nadie pudo hacerlo. Existe una falta de comprensión del problema por parte de los gerentes y es necesario descubrir las alternativas.

73

Patología del poder

Es muy común que quienes ocupan lugares de poder desarrollen comportamientos poco empáticos o –en un extremo– rasgos o trastornos psicopáticos.

1 - pág. 68

La prevalencia de trastornos o rasgos psicopáticos en personas que ocupan posiciones de poder es alta. La psicopatía es un trastorno de personalidad que afecta al 2% de la población y se caracteriza entre otras cosas por: la falta del sentimiento de culpa, el egocentrismo, la superficialidad en los vínculos, la manipulación y la impulsividad.

Un estudio llevado a cabo en Australia ha puesto de manifiesto que alrededor de uno de cada cinco CEOs presentan rasgos psicópatas, una proporción similar a la que se encuentra entre las personas que se hallan en prisión. La investigación, llevada a cabo por el psicólogo forense Nathan Brookes de la Universidad de Bond, ha descubierto que el 21% de 261 de estos profesionales mostraban rasgos psicopáticos clínicamente significativos.

Más allá de la psicopatía, el poder transforma. La hibris (en griego antiguo, *hybris*) es un concepto griego que puede traducirse como "desmesura" y que –en la actualidad– alude a un orgullo o confianza en sí mismo muy exagerada, especialmente cuando se ostenta poder. En la Antigua Grecia hacía referencia a la personalidad de los líderes caracterizados por el desprecio hacia el otro, la falta de control sobre los propios impulsos y sentimientos violentos inspirados por pasiones exageradas.

Lord David Owen, en su libro *En el poder y en la enfermedad: enfermedades de jefes de Estado y de Gobierno en los últimos cien años* (Siruela, 2010), describe varios ejemplos de líderes que creen que son capaces de grandes obras, que se esperan de ellos grandes realizaciones, creen saberlo todo en todas las circunstancias, y operan más allá de los límites de la moral ordinaria.

La revista *Foreign Affairs* realiza una revisión de dicho libro, y sintetiza: "En muchos jefes de Estado, la experiencia del poder les provoca cambios psicológicos que los conducen a la grandiosidad, al narcisismo y al comportamiento irresponsable".

Según Luis María Huete, en su artículo "Las patologías del poder", publicado en *Harvard Deusto Business Review,* el poder es un medio muy potente para satisfacer necesidades básicas como seguridad, diversión, singularidad y conexión. El aferrarse, el abusar de él, y la necesidad de buscar cada vez más, tienen origen en la búsqueda desenfrenada y errónea de satisfacción de dichas necesidades.

Según el autor, los directivos trabajan en entornos que por su naturaleza (presión, competitividad, riesgo, abundancia de recompensas, etc.) pueden llegar a ser más desequilibrantes que aquellos en los que se mueve el ciudadano medio.

Emociones insatisfechas, preexistencia de rasgos psicopáticos y entornos difíciles constituyen una composición perfecta para que los líderes empiecen a justificar sus conductas (medio) con tal de lograr sus objetivos.

Recientemente el diario *Expansión* publicó un interesante artículo, "La patología del poder", en el que su autor, Fernando del Pino, describía los síntomas más comunes de la enfermedad del poder. La mayor parte de estas manifestaciones son la expresión de los trastornos de conducta asocial y narcisista:

1. Indiferencia a lo que otros piensan; dificultad de conectar intelectual y emocionalmente con las personas con las que uno se relaciona.
2. Frialdad respecto de los sentimientos de los demás; desconexión con el sufrimiento que puedan producir sus decisiones.
3. Infravaloración de las potenciales consecuencias negativas de las decisiones tomadas por uno.
4. Pérdida del sentido del riesgo.
5. Instrumentalización (manipulación) de las personas para lograr sus propios fines.
6. Exceso de protagonismo personal.
7. Tendencia a rodearse de personas poco independientes intelectual y económicamente, para que no los contradigan y apoyen sus ideas.
8. Juicio simplista, estereotipado.
9. Sobrevaloración de las capacidades personales y de la imagen personal.
10. Conductas desinhibidas; sentimiento de que se tiene cierta licencia para hacer las cosas como a uno le apetece.

Las empresas cuyos directivos muestren los síntomas de la enfermedad del poder acabarán siendo rehenes de estos, víctimas de no haber tomado medidas a tiempo.

En su libro *La sabiduría de los psicópatas* (Planeta, 2013), Kevin Dutton detalla investigaciones en las cuales se identificaron las profesiones más psicopáticas. Una profesión llena de psicópatas se relaciona con aquellas personas a las que les gusta concentrar la atención y el poder en ellos, y que al reaccionar ante un impedimento, deben hacerlo de forma rápida y, muchas veces, cruel, sin fijarse en las consecuencias para los demás, explica Dutton.

Las diez profesiones con mayor cantidad de psicópatas:

1. Gerente o CEO de una compañía.
2. Abogado.
3. Personalidad de la televisión o de la radio.
4. Vendedor.
5. Cirujano.
6. Periodista.
7. Policía.
8. Clérigo.
9. Cocinero.
10. Funcionario público.

Las diez con menos psicópatas:

1. Persona que cuida de enfermos.
2. Enfermero.
3. Psicólogo.
4. Artesano.
5. Estilista o esteticista.
6. Persona que trabaja en caridad.
7. Maestro o profesor.
8. Artista.
9. Médico.
10. Contador.

El autor describe y correlaciona cómo los principales rasgos psicopáticos pueden transformarse a veces en las cualidades principales de un líder influyente:

Rasgo de liderazgo	Rasgo psicopático
Carisma	Encanto superficial
Confianza en sí mismo	Fatuidad
Capacidad de influir	Manipulación
Capacidad de persuasión	Arte del engaño
Pensamiento visionario	Invención de historias
Capacidad para correr riesgos	Impulsividad
Orientación a la acción	Búsqueda de emociones
Capacidad para tomar decisiones difíciles	Pobreza emocional

El poder es necesario para la acción y el orden, pero es peligroso. Personas con rasgos psicopáticos usualmente llegan a él y se resisten a dejarlo; en la historia hay cientos de ejemplos de ello. Curar es difícil; lo más beneficioso para las organizaciones es la prevención; cuidar muy bien a qué profesionales se les da el poder.

Bibliografía

Libros en español

BLANCHARD, Ken; HERSEY, Paul; JOHNSON, Dewey: *Administración del comportamiento organizacional.* Prentice Hall, 1998.

BLANCHARD, Ken; ZIGARMI, Patricia; ZIGARMI, Drea: *El líder ejecutivo al minuto.* Ediciones Grijalbo, 1986.

COLLINS, Jim: *Empresas que sobresalen*. Norma, 2002.

COVEY, Stephen: *El Factor Confianza.* Paidós, 2011.

————: Liderazgo centrado en principios. Paidós, 2013.

DUTTON, Kevin: *La sabiduría de los psicópatas*. Planeta, 2013.

FIGINI, Alejandra Laura: *La inteligencia emocional aplicada a los recursos humanos.* Macchi, 2002.

FOURNIES, Ferdinand: *Por qué los empleados no hacen lo que se supone que deben hacer y qué hacer para corregirlo.* McGraw-Hill, 1991.

GOLEMAN, Daniel: *Cómo ser un líder.* Ediciones B, 2015.

————: *Liderazgo – El poder de la inteligencia emocional.* Ediciones B, 2013.

HEIFETZ, Ronald A.; LINSKY, Marty: *Liderazgo sin límite.* Paidós ibérica, 2003.

————; LINSKY, Marty: *La práctica del liderazgo adaptativo.* Paidós, 2012.

HERSEY, Paul: *El ejecutivo eficaz.* IDH Ediciones, 1985.

KAHNWEILER, Jennifer B.: *El líder introvertido*. Empresa Activa, 2009.

————: *Influir silenciosamente*. Empresa Activa, 2013.

KAPLAN, Robert E.; KAISER, Robert B.: *¡Cuidado con sus virtudes!* Empresa Activa, 2013.

KELLEY, Robert: *Líderes y seguidores – Cooperación mutua en beneficio de la empresa.* McGraw-Hill, 1993.

KETZ DE VRIES, Manfred; MILLER, Danny: *La organización neurótica.* Apóstrofe, 1993.

KIRPATRICK, Donald L.: *Evaluación de programas de entrenamiento.* Gestión 2000, 1999.

KOTTER, John P.: *La verdadera labor de un líder.* Norma, 1999.

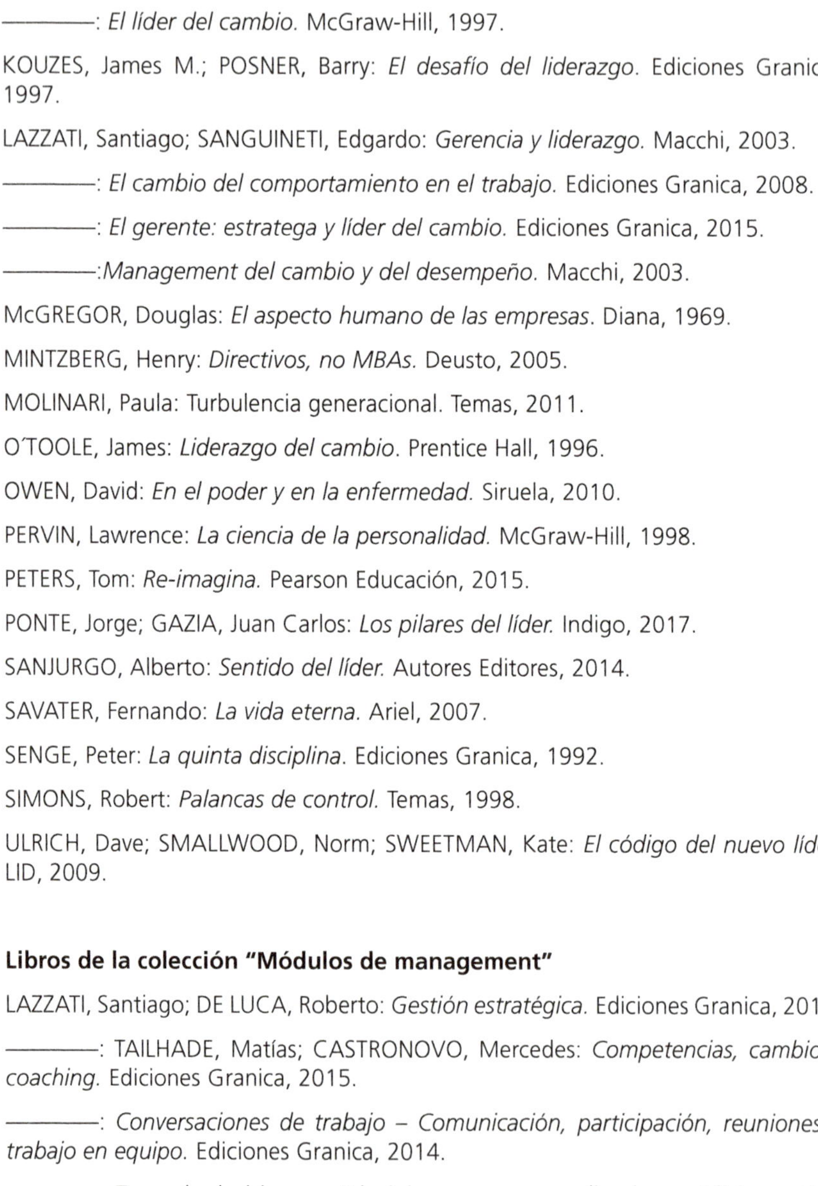

KOTTER, John: *Acelerar.* Conecta, 2015.

————: *El líder del cambio.* McGraw-Hill, 1997.

KOUZES, James M.; POSNER, Barry: *El desafío del liderazgo.* Ediciones Granica, 1997.

LAZZATI, Santiago; SANGUINETI, Edgardo: *Gerencia y liderazgo.* Macchi, 2003.

————: *El cambio del comportamiento en el trabajo.* Ediciones Granica, 2008.

————: *El gerente: estratega y líder del cambio.* Ediciones Granica, 2015.

————:*Management del cambio y del desempeño.* Macchi, 2003.

McGREGOR, Douglas: *El aspecto humano de las empresas.* Diana, 1969.

MINTZBERG, Henry: *Directivos, no MBAs.* Deusto, 2005.

MOLINARI, Paula: Turbulencia generacional. Temas, 2011.

O'TOOLE, James: *Liderazgo del cambio.* Prentice Hall, 1996.

OWEN, David: *En el poder y en la enfermedad.* Siruela, 2010.

PERVIN, Lawrence: *La ciencia de la personalidad.* McGraw-Hill, 1998.

PETERS, Tom: *Re-imagina.* Pearson Educación, 2015.

PONTE, Jorge; GAZIA, Juan Carlos: *Los pilares del líder.* Indigo, 2017.

SANJURGO, Alberto: *Sentido del líder.* Autores Editores, 2014.

SAVATER, Fernando: *La vida eterna.* Ariel, 2007.

SENGE, Peter: *La quinta disciplina.* Ediciones Granica, 1992.

SIMONS, Robert: *Palancas de control.* Temas, 1998.

ULRICH, Dave; SMALLWOOD, Norm; SWEETMAN, Kate: *El código del nuevo líder.* LID, 2009.

Libros de la colección "Módulos de management"

LAZZATI, Santiago; DE LUCA, Roberto: *Gestión estratégica.* Ediciones Granica, 2018.

————: TAILHADE, Matías; CASTRONOVO, Mercedes: *Competencias, cambio y coaching.* Ediciones Granica, 2015.

————: *Conversaciones de trabajo – Comunicación, participación, reuniones y trabajo en equipo.* Ediciones Granica, 2014.

————: *Toma de decisiones – Principios, procesos y aplicaciones.* Ediciones Granica, 2013.

Libros en inglés

BACON, Terry: *Effective People Skills.* International Learning Works, 1999.

CRAINER, Stuart; DEARLOVE, Des: *Future thinkers.* McGraw.Hill, colección Thinker 50, 2014.

DRIVER, M.; BROSSEAU, K.; HUNSAKER, P.: *The Dynamic Decision Maker*. Self Discovery Press, 1998.

LOMBARDO, Michael; EICHINGER Robert: *For your Improvement.* Spanish First Printing, 2005.

MAXWELL, John C.: *How Successful People Lead.* Center Street, 2013.

WARREN, Ron: *Personality at Work – The drivers and derailers of leadership.* McGraw-Hill, 2017.

Artículo

JOHNSON VICKBERG, Suzanne M.; CHRISTFORT, Kim: "Pioners, drivers, integrators & guardians". *Harvard Business Review*, marzo-abril de 2017.

Apéndice

Sistema de módulos del conocimiento®

El "SISTEMA DE MÓDULOS DEL CONOCIMIENTO" (SMC) que presentamos en este texto responde al enfoque de integración entre trabajo y actividad educativa. El esquema básico del SMC representa un procedimiento específico para contribuir a la transferencia de la capacitación al trabajo, que forma parte de dicha integración. Pero la idea de desarrollar módulos de conocimiento puede expandirse mucho más allá del esquema básico. Por ejemplo, si la empresa emplea o va a emplear la llamada gestión por competencias, esta puede integrarse con el SMC. En última instancia, el SMC es una forma de *knowledge management* o gerencia del conocimiento.

El SMC es especialmente propicio para temas conductuales. Sin embargo, cabe utilizarlo para otros contenidos temáticos.

A continuación, plantearemos el esquema básico del SMC. Suponemos que la empresa diseña adecuadamente sus actividades educativas, lo cual produce contenidos temáticos que habrán de incluir elementos valiosos para aplicar posteriormente en el trabajo. Sin embargo, cuando los participantes de dichas actividades retornan al trabajo, suelen recurrir poco o nada a tales elementos. Estos quedan como "perdidos" dentro del material de capacitación. Una razón de ello puede ser que el ordenamiento didáctico de los materiales de capacitación no necesariamente constituye el acceso más favorable al momento del trabajo.

Una alternativa para superar el problema indicado es seleccionar y revisar los elementos más valiosos de los contenidos temáticos de la actividad educativa; en principio aquellos que reúnan las condiciones siguientes:

- Los de aplicación más generalizada.
- Los que signifiquen una clarificación conceptual importante.
- Los de mayor utilidad práctica.
- Los que suministren a la práctica una consistencia positiva, susceptible de ser acordada.

Denominamos "módulos" a los elementos así seleccionados y revisados. Un módulo puede ser:

- Un concepto clave (ejemplo: el de tablero de comando equilibrado).
- Un modelo fundamental (ejemplo: el de liderazgo situacional).
- La metodología de un proceso típico (ejemplo: el de resolución de problemas).
- Un *check list* a utilizar en una situación determinada (ejemplo: una lista de puntos a tomar en cuenta en una negociación).

- Un cuestionario de evaluación (ejemplo: el que pregunta sobre los atributos de un grupo para diagnosticar su grado de trabajo en equipo).
- Etcétera.

Los "módulos" se incorporan a un "repositorio", de acceso fluido durante el trabajo cotidiano. De esta manera, los contenidos temáticos, que tienden a constituirse en un archivo pasivo con respecto al trabajo, se convierten en un archivo activo de elementos valiosos, de aplicación efectiva.

El Gráfico 1 ilustra dicho esquema básico.

Gráfico 1

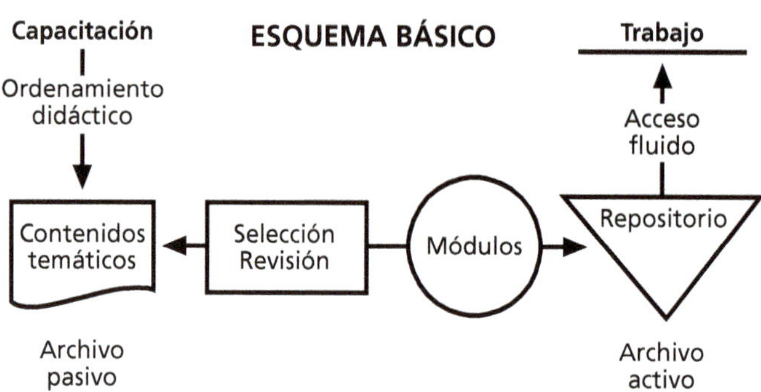

El esquema básico indicado es fácil de expandir. La fuente de los módulos puede estar constituida no solo por los contenidos temáticos de capacitación, sino también por procesos de cambio organizacional o mejora de la calidad, información externa sobre mejores prácticas, etcétera. Incluso la experiencia del propio trabajo puede generar módulos. Se trata de un archivo abierto que se va enriqueciendo continuamente. Por otra parte, el repositorio a su vez realimenta los sucesivos diseños educativos. Esto puede incluir no solo actividades de enseñanza presencial, sino también programas de autoestudio, material de apoyo al coaching, etcétera.

El Gráfico 2 resume lo antedicho.

Gráfico 2

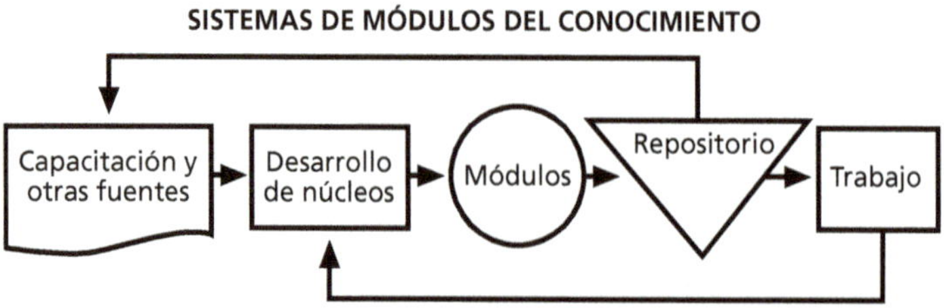

SISTEMAS DE MÓDULOS DEL CONOCIMIENTO

Capacitación y otras fuentes
Desarrollo de núcleos
Módulos
Repositorio
Trabajo

El SMC dispone de una metodología del proceso de desarrollo de los módulos, que abarca al análisis de las fuentes, los criterios de selección, los procedimientos de revisión, un formato estándar, la indicación de los protagonistas del proceso, etcétera.

El repositorio requiere cierta estructura lógica, que facilite el *input*, el archivo y la utilización de los módulos. Además es provechoso agregarle un glosario y mapas alternativos de navegación.

El SMC ofrece los siguientes beneficios:

- Ayuda en el trabajo, en tiempo real.
- Lenguaje común.
- Puente con otra información.
- Refuerzo de la capacitación.
- Calidad de los contenidos temáticos de la capacitación.
- Ordenamiento sistémico del conocimiento.

www.ingramcontent.com/pod-product-compliance
Ingram Content Group UK Ltd.
Pitfield, Milton Keynes, MK11 3LW, UK
UKHW021827270726
14058UKWH00001B/17

9 789878 358031